LE TEMPLE-NEUF

A
Strasbourg

NOTICE COMMÉMORATIVE

PAR

Aimé Reinhard

STRASBOURG
TYPOGRAPHIE DE G. FISCHBACH
1888

LE TEMPLE-NEUF

À STRASBOURG

E. SALOMON, architecte.

Le nouveau Temple-Neuf

LE TEMPLE-NEUF

A STRASBOURG

NOTICE COMMÉMORATIVE

PAR

AIMÉ REINHARD

STRASBOURG

TYPOGRAPHIE DE G. FISCHBACH

1888

A

Monsieur Jules-Conrad SENGENWALD

Chevalier de la Légion d'honneur

Président de la Chambre de Commerce de Strasbourg

Membre du Consistoire supérieur de l'Église de la Confession d'Augsbourg

et du Consistoire du Temple-Neuf, etc.

Hommage · reconnaissant

A. R.

LE TEMPLE-NEUF

A STRASBOURG

INTRODUCTION

Le *nouveau* Temple-*Neuf* — pardon, lecteurs, de ce pléonasme, que nous impose la dure nécessité historique — le nouveau Temple-Neuf de Strasbourg qui, pendant dix ans, était resté inachevé, a enfin été complété par la construction du clocher dont a voulu le doter la généreuse libéralité de M. Jules Sengenwald, un des membres les plus éminents de la paroisse. C'est le moment, croyons-nous, d'évoquer encore une fois le souvenir de l'édifice religieux qui a existé pendant 610 ans sur le même emplacement et à l'ombre duquel sont nées, ont vécu et se sont éteintes vingt générations, dont la dernière a eu la douleur de le voir disparaître dans une catastrophe sans exemple dans l'histoire !... L'ancienne église des Dominicains, ou des Frères-prêcheurs, n'avait, il est vrai, au moins à l'extérieur, ni la richesse architectonique et sculpturale de la Cathédrale, ni le style monumental de l'église Saint-Thomas ; aussi n'a-t-elle que rarement tenté le crayon de nos artistes ; mais ses vastes dimensions en faisaient le plus grand de nos édifices religieux, après Notre-Dame, et la haute et longue silhouette de ses combles, aux lignes sévères comme l'Ordre monastique qu'ils ont abrité pendant trois siècles, formait au-dessus des maisons de la ville un signe caractéristique qui manquera à l'avenir dans le panorama de Strasbourg.

La notice historique et descriptive que nous offrons à nos concitoyens est puisée dans les quelques monographies consacrées au Temple-Neuf avant et depuis sa destruction [1] ; elle

[1] Pfeffinger, *Geschichte des Prediger-Klosters und Kirche zu Strassburg*. (Manuscrit du commencement de ce siècle, à la Bibliothèque de l'Université.) — Edel, *Die Neue-Kirche in Strassburg. Nachrichten von ihrer Entstehung, ihren Schicksalen und Merkwürdigkeiten*, etc. Avec 5 planches lithographiées. (Strasbourg. 1825.) — Schmidt. *Les Dominicains de Strasbourg au treizième siècle. (Revue d'Alsace*, année 1854.) — Kopp, *Rückblicke auf die Geschichte der Neuen Kirche in Strassburg*, etc. (Strasbourg, 1872.) — Schmidt, *Notice sur le couvent et l'église des Dominicains de Strasbourg jusqu'au seizième siècle.* (Bull.-tin de la Société des monuments historiques d'Alsace, IIe série, t. 9; Strasb., 1876). Nous citerons plus tard les notices archéologiques qui serviront à notre description.

1

servira de texte explicatif à une série de vues, dont plusieurs assez rares, qui reproduisent les parties les plus intéressantes du vieux monument si cher aux habitants de Strasbourg. La pensée qui guide l'éditeur de cette publication et l'auteur du texte n'est autre que celle que le savant historien de nos Dominicains, deux fois cité en note, a exprimée dans les paroles suivantes, que nous signons aussi comme nôtres : „Aujourd'hui „qu'il n'existe plus rien de l'ancien établissement des Frères-„prêcheurs, il m'a semblé qu'il ne serait pas sans intérêt d'en „raconter l'histoire. Nous ne devons laisser se perdre aucun des „souvenirs de notre passé, et c'est à nous avant tout qu'il appar-„tient de les recueillir. "

I

LES DOMINICAINS A STRASBOURG

L'Ordre des Frères-prêcheurs, „ordre mendiant", comme celui des Franciscains, dont la fondation remonte également au commencement du treizième siècle, eut pour créateur un seigneur espagnol, Dominique de Guzman [1], qui l'institua vers l'an 1215 dans l'église de Saint-Romain à Toulouse; il fut approuvé, en 1216, par le pape Honorius III. Sa mission spéciale était de prêcher l'Évangile, de veiller à l'intégrité de la foi, de convertir les infidèles et d'exterminer toute hérésie. La nouvelle congrégation, patronnée dès l'origine par le Saint-Siège, qui donna à ses membres le titre de „prédicateurs apostoliques", ne tarda pas à prendre une rapide extension: cinq ans après sa fondation, elle comptait déjà 60 couvents et 80 ans plus tard, le nombre en était porté à 746, dont 114 existaient dans les pays rhénans. Parmi ceux-ci, un des premiers fut celui de Strasbourg; ce fut, en effet, pendant le carême de l'an 1224 que les Dominicains, appelés par l'évêque Henri de Vehringen, firent, d'abord en petit nombre, leur entrée dans notre cité. Leur extérieur austère, rehaussé encore par la robe de bure blanche que saint Dominique avait donnée à ses disciples, leur réputation de science et d'éloquence, tout contribua à leur concilier bientôt les sympathies de la population tout entière, et notamment de la classe pauvre, dont ils prirent à cœur de se constituer les bienfaiteurs, tant pour ses besoins matériels que pour ses intérêts spirituels. Aussi, à peine installés, ils purent, grâce aux abondantes libéralités de la noblesse, de la bour-

[1] Né en 1170 à Calaruega, dans la Vieille Castille, mort à Bologne, le 6 août 1221, et canonisé en 1234 par le pape Grégoire IX.

geoisie, comme aussi du clergé séculier lui-même, songer à se bâtir un couvent et une petite église. La construction de celle-ci fut commencée sur un „terrain humide" que l'évêque leur assigna, non loin de la rive droite de l'Ill, dans le quartier, encore peu habité, du Finkwiller, situé alors hors des murs de la ville, et où une chapelle voisine, dite de Heilmann [1], leur servit provisoirement de lieu de culte. Les travaux paraissent toutefois avoir subi plusieurs temps d'arrêt, car ce ne fut qu'en 1258 que l'église put être consacrée; elle fut placée sous le vocable de sainte Élisabeth [2], dont une des rues du quartier a depuis gardé le nom.

Cet achèvement tardif, après quatorze ans, d'une construction de dimensions modestes — il n'en a fallu plus tard que six pour un édifice bien plus considérable — a peut-être été causé par les conflits que fit naître à la même époque l'activité des Frères-prêcheurs en leur qualité d'inquisiteurs de la foi. Ils la commencèrent en 1230, en faisant brûler vif un des plus riches bourgeois, nommé Gulden, accusé d'être de la secte des Vaudois, dont, en 1212, 80 adhérents avaient été livrés au bûcher [3]. Cette exécution provoqua une vive irritation dans la population; lorsque, en 1232, le dominicain Droson, venu de Worms à Strasbourg, osa accuser hautement d'hérésie un grand nombre d'habitants et, en particulier, de nobles, un de ces derniers, le chevalier Jean de Müllenheim, le tua en pleine place publique. Un compagnon de Droson, qui s'était vanté de recon-

naître les hérétiques à leur figure, prit la fuite; mais il fut saisi à Fribourg et pendu. Le Magistrat, ému de cette alerte, fit signifier aux Dominicains qu'ils eussent à s'abstenir à l'avenir de rechercher les hérétiques, sauf ceux qui leur seraient signalés par lui-même, et ajouta qu'ils feraient plus sagement „d'instruire les gens que de les brûler". Il faut croire que les Frères-prêcheurs se tinrent pour dit que les Strasbourgeois n'étaient pas amis des procédés violents, car ils ne poussèrent pas plus loin leurs mesures inquisitoriales [1].

Malgré ces incidents, l'Ordre de saint Dominique continua à s'étendre et à gagner de plus en plus dans l'opinion publique. La faveur générale ne cessa de se porter sur ces religieux qui, astreints au vœu de pauvreté, dispensaient les sacrements aux fidèles, sans exiger d'eux les casuels dûs aux curés des paroisses, et qui, à l'encontre du clergé séculier, avaient seuls le courage de s'élever en chaire contre la corruption du siècle, les abus de pouvoir des puissants du jour et l'oppression du pauvre peuple.

---

[1] Cette chapelle, près de laquelle fut établie plus tard la fosse de l'hôpital (*Spitalgrul*), fut démolie en 1475.

[2] Sainte Élisabeth de Hongrie ou de Thuringe, morte en 1231, avait été canonisée en 1235.

[3] Le lieu de leur supplice, situé derrière le cimetière Saint-Gall, fut appelé « fosse aux hérétiques » (*Ketzergrab*).

[1] Depuis le commencement du treizième siècle, « les Dominicains italiens aimaient à se donner le nom, moitié latin, moitié italien, de *Domini cani* (Chiens du Seigneur), pour exprimer leur vigilance contre les loups (hérétiques), et leur zèle pour le troupeau de l'Église. Après la mort de saint Dominique se forma une légende, d'après laquelle la mère de ce saint aurait rêvé qu'elle accoucherait d'un chien portant dans sa bouche le flambeau de l'Église. Le sceau claustral de l'ordre des Dominicains porte l'image d'un chien, courant sur le globe terrestre, et portant dans sa bouche un flambeau brûlant. La légende de la mère de Dominique fut plus tard quelque peu modifiée par rapport au Dominicain espagnol Ferrer, qu'on disait s'être annoncé dans le ventre de sa mère, en y aboyant comme un jeune chien. Dans l'église du cloître des Dominicains *Santa Maria Norella*, à Florence, on voit un tableau, de l'école de Giotto, qui représente l'Église combattante et triomphante, et sur lequel les moines dominicains sont représentés comme des chiens tachetés de blanc et de noir, dont les uns gardent le troupeau, et dont les autres chassent les loups. » (Voy. Fréd. Bergmann, *Dante, sa vie et ses œuvres*, pp. 209 et 210; Strasbourg, 1883).

Ils étaient, pour les habitants, les premiers vrais moines qu'on vît à Strasbourg, où, depuis la sécularisation des chapitres, il n'y avait plus de couvents d'hommes, et ils leur rappelaient, par leurs mœurs austères, les prêtres des temps apostoliques et les Pères du désert. On arriva à attribuer à leurs fonctions sacerdotales plus d'efficacité qu'à celles du clergé séculier : leurs messes furent plus suivies, leurs absolutions plus recherchées, et la faveur d'être inhumé dans leur cimetière fut tenue pour un gage certain de la félicité éternelle. Bref, leur influence sur les familles riches et pauvres, nobles et plébéiennes, devint en peu de temps si considérable, que les religieuses des couvents de Sainte-Marguerite, de Sainte-Catherine, de Saint-Nicolas-*aux-ondes*, de Saint-Marc, de Saint-Agnès et de Saint-Jean demandèrent à être placées sous leur direction spirituelle. Les Frères-prêcheurs furent en effet investis par les papes de la haute surveillance de ces maisons, avec pouvoir de les visiter, de les desservir, et au besoin, de les réformer.

Telle était déjà, vers le milieu du treizième siècle, la situation prospère de l'Ordre, qu'il se vit bientôt à l'étroit dans son enclos primitif. Il voulut, comme les Franciscains, se créer un établissement au milieu de la population, et s'adressa dans ce but au maréchal de l'évêque, Gauthier de Hunebourg, qui possédait au centre même de la ville un hôtel et une vaste cour, où se trouvait une chapelle dédiée à saint Barthélemy, dont il était le patron. La propriété avec le droit de patronage fut acquise par les Frères, pour la somme de 80 marcs d'argent, avec le consentement de l'évêque Henri de Stahleck et du Magistrat ; le contrat de vente, en date du 21 mars 1248, fut ratifié par le pape.

Les fonds pour la construction du nouveau couvent affluèrent aussitôt en abondance ; les familles patriciennes des Burggraf et des Rebstock[1] se signalèrent surtout par leurs pieuses libéralités. Les prêtres séculiers eux-mêmes se distinguèrent par de riches donations, et notamment trois membres du chapitre de la Cathédrale : Frédéric, comte de Hanau-Lichtenberg, grand-prévôt, et Ulric de Thalmessingen, chanoine, se démirent de leurs dignités pour entrer dans l'Ordre, auquel ils firent cession de tous leurs biens. Jean d'Albe[2], écolâtre, lui céda également les propriétés qu'il possédait près de la chapelle Saint-Barthélemy. Ces trois bienfaiteurs de l'Ordre, qualifiés de „fondateurs de l'église“, reçurent leur sépulture dans le cloître. Le 4 juin 1252, les Frères acquirent encore la cour dite *zum Wasen*, et le 24 du même mois le légat du pape, Hugues de Saint-Cher, membre de l'Ordre, alors présent à Strasbourg, leur confirma le droit de construire une église et un couvent. Mais les travaux furent empêchés à deux reprises par les protestations émanées, l'une du doyen de la Cathédrale et de quelques autres prêtres ; l'autre, du chapitre de Haslach, pour la sauvegarde des prérogatives du clergé séculier ; ces protestations restèrent d'ailleurs sans effet.

Enfin, le 29 mai 1254, on commença à creuser les fondements de l'église et, le 26 juin suivant, l'évêque Henri de Stahleck posa, à huit pieds sous terre, dans un angle à droite derrière la place du maître-autel, la première pierre du sanctuaire[3], portant d'un côté le nom de l'évêque et la figure de l'agneau de Dieu,

---

[1] Plusieurs membres de ces deux familles furent inhumés dans l'église. Voy. à l'appendice : *Inscriptions anciennes du Temple-Neuf.*

[2] Ce nom, assez étranger à nos contrées, est, selon Pfeffinger, une faute de copiste, au lieu d'Andlau.

[3] Ces données si précises, consignées dans les annales du couvent des Dominicains de Strasbourg, ont fait retrouver en 1873 cette première pierre. Nous y reviendrons ultérieurement.

et de l'autre une croix. Les travaux furent poussés si vigourousement que le culte put être célébré dans le chœur dès la veille de la Toussaint de l'année suivante. Cinq autres années suffirent pour achever la construction de l'église et de tout le couvent, dont nous réservons la description pour un prochain chapitre. La consécration de l'église sous le vocable de Saint-Barthélemy fut faite, selon toute apparence, le 23 mai 1260, par Jacques de Lorraine, évêque de Metz, en remplacement de Gauthier de Géroldseck, dont l'élection au siège épiscopal de Strasbourg n'était pas encore confirmée. La solennité eut lieu pendant une assemblée du chapitre général de l'Ordre, la première qui eût été convoquée dans notre ville; le maître-général, Humbert de Saint-Romans, et l'ancien provincial d'Allemagne, Albert le Grand, l'homme le plus savant de son époque, assistèrent à la fête, à l'occasion de laquelle on transféra dans le nouvel édifice les restes mortels de Jean Teutonicus, de Wildeshausen, (en Westphalie), ancien général des Dominicains, mort dans le couvent primitif, à Sainte-Élisabeth, le 4 novembre 1252[1]. Enfin une bulle du pape Alexandre IV accorda cent jours d'indulgence aux fidèles qui visiteraient la nouvelle église aux fêtes de la Vierge, de saint Dominique, de saint Pierre martyr et de la Dédicace.

* * *

Une fois installés au milieu de la ville, les Dominicains se virent en état d'étendre encore l'influence qu'ils avaient déjà su s'acquérir dans leur maison primitive[1]. Ils comptaient alors dans leurs rangs plusieurs hommes aussi distingués par leur savoir que par leur piété. Nous avons déjà nommé le plus illustre d'entre eux, Albert le Grand, une des gloires de l'Église, qui avait été, de 1230 à 1240, lecteur, c'est-à-dire professeur de théologie dans le couvent de Sainte-Élisabeth. Sa réputation de savant dans toutes les sciences divines et humaines lui avait valu le surnom de „docteur universel“, et ses connaissances positives dans le domaine, si mystérieux à cette époque, de l'histoire naturelle, le faisaient passer, aux yeux d'un grand nombre de ses contemporains, pour sorcier. Il avait été nommé évêque de Ratisbonne; mais son amour pour la vie contemplative du cloître le fit bientôt renoncer à son siège épiscopal pour se retirer dans sa cellule, tantôt dans le couvent de Strasbourg, tantôt dans celui de Cologne. Telle était la considération dont il jouissait dans le monde ecclésiastique que, lorsqu'il revint, en 1269, dans notre ville, sa présence donna lieu à une cérémonie inouïe jusque-là : le 9 mars de cette année, il consacra à la fois, dans l'église des Frères-prêcheurs, 150 prêtres et donna les ordres inférieurs à 400 clercs.

Parmi les disciples qu'Albert forma dans le couvent de Strasbourg figurent, en première ligne: le prieur Henri Ripelin, appartenant à l'une des premières familles de la ville, d'abord professeur à Paris, puis prieur à Zurich; il était à la fois bon prédicateur, poète et peintre et écrivit plusieurs ouvrages théologiques. Ulric Engelbert, chevalier, de la

[1] Son nom de famille, latinisé en *Teutonicus* (l'Allemand), était peut-être *Teutsch*. — Voy. à l'appendice : *Inscriptions*.

[1] Le couvent de Sainte-Élisabeth, abandonné par les Frères-prêcheurs, fut occupé par des religieuses affiliées à leur ordre et qui y restèrent jusqu'en 1300, époque à laquelle le Magistrat, alors en guerre avec l'évêque Frédéric de Blankenheim, le fit démolir, comme situé trop près des murs de la ville.

famille des Zorn, reçu docteur en théologie à l'Université de Paris, fut élu, en 1272, à Bâle, provincial de l'Ordre en Allemagne. Auteur d'un traité de droit canonique, il était en même temps savant en musique et en mécanique: ce fut lui qui, en 1260, construisit pour la Cathédrale de Strasbourg le premier orgue dont il soit fait mention dans l'histoire de notre ville [1]. Le frère Nicolas, de Strasbourg, orateur populaire, se distingua surtout comme prédicateur en langue vulgaire; il s'appliqua en particulier à combattre la croyance, généralement répandue à son époque, à la fin prochaine du monde. Le frère Henri, de Bâle, lecteur au couvent de Strasbourg, puis prieur de celui de Bâle, composa en allemand des cantiques et des poésies spirituelles à l'usage des béguines [2]. Enfin, un frère Henri, de Cologne, est connu comme auteur de sermons en langue allemande, qui existent encore en manuscrit.

La faveur universelle que l'Ordre avait rencontrée partout à son début et qui était bien une preuve que sa fondation répondait à un besoin réel de l'Église, lui avait cependant fait perdre peu à peu de son austérité primitive. L'abus qui, selon le mot de Montesquieu, se glisse dans toutes les institutions humaines, n'avait pas tardé à altérer l'esprit de sa mission originaire. Il y avait beau temps que les Frères-prêcheurs n'étaient plus un „Ordre mendiant". Les abondantes largesses qui ne cessaient d'affluer dans leur maison avaient fini par leur créer une situation tellement prépondérante dans la cité, qu'ils se crurent en droit de se mettre, quant à leurs biens, au-dessus du droit commun, et en opposition ouverte, tant avec l'autorité ecclésiastique qu'avec le pouvoir civil. Investis par les papes d'immunités extraordinaires, au temporel comme au spirituel, ils provoquèrent, par leurs prétentions exorbitantes, la jalousie du clergé séculier, en détournant, au profit de leur église, les fidèles de la fréquentation du service paroissial et notamment en les déclarant affranchis envers les curés du droit appelé *ultimum vale* (‚‚dernier adieu"), c'est-à-dire de la redevance que devaient payer à ces derniers les héritiers de tous ceux qui voulaient être enterrés dans le cimetière d'un couvent. D'un autre côté, les Dominicains prétendirent à l'héritage de tous ceux — et ils étaient nombreux, surtout parmi la noblesse et le patriciat — qui prenaient l'habit de l'Ordre, en excluant en même temps leurs héritiers naturels de tout droit de succession, parce que les biens une fois donnés à l'Église ne devaient plus faire retour au monde. Les familles lésées dans leurs intérêts finirent par s'émouvoir de cet état de choses, et le Magistrat crut de son devoir d'intervenir pour la sauvegarde de l'ordre public, tandis que, de leur côté, les évêques cherchèrent à opposer une digue aux empiétements spirituels des Frères; mais ceux-ci, forts de l'appui du Saint-Siège, qui voyait en eux de puissants auxiliaires, se refusèrent à toute concession. Il en résulta une lutte opiniâtre qui dura, pour ainsi dire, aussi longtemps que l'Ordre exista dans Strasbourg, mais dans le détail de laquelle nous ne pouvons pas entrer ici. Nous dirons seulement qu'en 1286, le Magistrat, poussé à bout, et suivant l'exemple qu'avait déjà donné le clergé séculier, fit défense aux habitants de fréquenter l'église des Dominicains, de se faire administrer par eux les sacrements et de leur faire ni aumônes ni oblations. Les abords du couvent furent gardés à vue, mais le prieur Alrad et un autre

---

[1] Cet orgue fut remplacé en 1292 par un autre qui périt dans l'incendie de la Cathédrale, en 1298. — Ulric Engelbert mourut au couvent de Strasbourg en 1280.

[2] Les béguines étaient des femmes pieuses qui vivaient, soit seules, comme *recluses*, soit ensemble, dans des maisons cloîtrées, mais sans être astreintes à une règle monastique déterminée.

frère réussirent à en sortir et en appelèrent au cardinal Jean de Tusculum, légat du pape, qui se trouvait alors à Metz. Celui-ci enjoignit, le 14 mai 1287, au Magistrat de donner satisfaction aux Frères, sous peine d'excommunication. Le Magistrat ayant, le 25 mai, jour de la Pentecôte, répondu à cette injonction par une protestation, l'évêque Conrad de Lichtenberg se vit obligé, malgré lui, de prononcer la sentence d'excommunication. Le même jour les Dominicains quittèrent en procession leur couvent et se retirèrent à Sélestat, à Haguenau et d'autres villes du diocèse[1]. Leur absence dura plus de trois ans, pendant lesquels la sentence d'excommunication fut renouvelée plusieurs fois contre la ville, sans que le Magistrat renonçât à ses revendications ; il était appuyé par une grande partie du clergé et par les Franciscains qui, malgré l'interdit, continuèrent le service divin dans leur église et pourvurent aux besoins spirituels de la population. Mais enfin, las de n'obtenir justice nulle part, il s'en remit à l'arbitrage de Conrad de Lichtenberg qui, bien que porté pour la cause de la ville, dut rendre en faveur des moines un jugement auquel le Magistrat se soumit, bon gré, mal gré, mais en réservant ses droits par une dernière protestation.

Les Frères-prêcheurs, dont l'exil avait gravement compromis la fortune, s'empressèrent, un dimanche de l'année 1290, de rentrer, au nombre de 110, sous la conduite du chevalier Nicolas Zorn, dans leur monastère, dont les cours, les jardins, le cloître et le cimetière avaient été envahis, pendant ces trois ans de solitude, par la végétation des lieux abandonnés. Ils semblent avoir dès lors usé de leurs privilèges avec plus de ménagements qu'auparavant, car il y eut en leur faveur un revirement de l'opinion publique, attesté par les offrandes qui leur advinrent de toutes parts et grâce auxquelles leur couvent eut bientôt recouvré sa prospérité des anciens jours. Six ans après leur retour, Strasbourg eut le spectacle de cette nouvelle prospérité : le 11 mai 1296, un chapitre général de l'Ordre était tenu dans le couvent pour l'élection d'un grand-maître. Le choix de l'assemblée se porta sur le frère Nicolas de Trévise, provincial de Lombardie, qui plus tard devint pape sous le nom de Benoît IX. Le lendemain, une procession, comptant plusieurs centaines de Frères, parcourut les rues de la ville ; à la suite du nouveau maître général, „porté“, dit un chroniqueur, par deux chevaliers, marchaient six cents nobles richement vêtus et quatre cents dames couvertes de bijoux et de fleurs, ainsi qu'une foule innombrable de fidèles. Le cortège se rendit à la Cathédrale, où l'évêque et son clergé reçurent les moines aux sons de l'orgue et d'autres instruments de musique.

La fête, pour laquelle on avait fait de somptueux préparatifs, se termina par des banquets où, dit-on, 60,000 œufs furent employés pour les Frères, auxquels leur règle interdisait l'usage de la viande. Le chroniqueur qui rapporte ces détails, Dominicain lui-même[1] les fait suivre de cette réflexion : „Oh ! mondanité, ennemie de la vraie spiritualité, „qu'as-tu fait de la vie humble de saint Dominique? Oh! „combien la pauvreté, cet ancien ornement des religieux, est

---

[1] Une erreur de date (1277 au lieu de 1287) dans une de nos chroniques a fait croire à tort que « l'exode » des Dominicains avait eu lieu deux fois en dix ans.

[1] C'est le frère Jean Meyer, Dominicain à Fribourg en Brisgau, qui écrivit vers 1470 sa chronique pour les religieuses du couvent d'Adelhausen, dans ladite ville. Son manuscrit appartenait à notre bibliothèque, brûlée le 24 août 1870, de néfaste mémoire !

„ bannie et oubliée ! que de malheureux on eût pu secourir avec „ le bien dépensé en ces fêtes !"

* * *

Si le Magistrat de Strasbourg, ayant eu affaire à trop forte partie, n'avait pas obtenu gain de cause dans sa lutte contre les Dominicains, il chercha du moins, dès les premières années du quatorzième siècle, à prévenir, dans les limites du possible, le retour des querelles entre les citoyens et les Frères, et à assurer en même temps à ceux-ci une bonne administration de leur fortune. Il institua à cet effet, pour chaque couvent, trois „tuteurs" (*Pfleger*) laïques, chargés de surveiller la gestion du receveur de la maison : les moines ne devaient ni acheter des biens, ni en vendre, ni en donner en gage sans le consentement des tuteurs; les actes n'étaient valables que si les noms de ces derniers s'y trouvaient mentionnés, et ceux-ci étaient en outre tenus d'assister à la reddition annuelle des comptes. Cette utile mesure resta en effet en vigueur jusqu'à la suppression des couvents, au seizième siècle.

De son côté, l'évêque de Strasbourg, Jean de Dirpheim, s'efforça, vers le même temps, d'assurer le maintien de la concorde entre le clergé régulier et le clergé séculier. Investi, en 1319, par le pape Jean XXII, de la charge de conservateur et défenseur de l'Ordre des Frères-prêcheurs, il publia dans son diocèse la bulle par laquelle le souverain pontife avait énuméré et confirmé les anciens privilèges des Dominicains; mais il fit connaître aussi à son clergé les dispositions qu'avait prises en 1311 le concile de Vienne, afin de garantir les droits des curés paroissiaux. Le concile avait en effet décrété que les moines mendiants ne pourraient confesser les fidèles et leur administrer les sacrements que sur l'invitation ou avec la permission de l'évêque, qu'ils céderaient aux curés le quart des droits funéraires et des legs, et qu'ils s'abstiendraient d'attirer le peuple dans leurs églises par des indulgences exagérées. Dans les limites de ces prescriptions, Jean de Dirpheim exhorta son clergé à ne pas empêcher les fidèles de prendre pour confesseurs des religieux, et il réussit par sa fermeté à faire respecter à la fois les droits des curés et ceux des moines.

Malgré ces restrictions apportées à l'exercice de leurs prérogatives, les Dominicains continuaient à jouir de la faveur générale; riches et pauvres ne cessaient d'affluer chez eux, les uns pour entrer dans l'Ordre, les autres parce qu'ils y trouvaient les secours religieux conformes à leurs besoins. Dès les premières années du quatorzième siècle, le nombre des Frères, comme celui des fidèles, était si considérable, que leur église se trouva trop petite; aussi songèrent-ils à l'agrandir. Cette reconstruction, dont nous aurons à parler en détail quand nous donnerons la description des bâtiments du

Pl. II.

Vue du Temple-Neuf, avant 1870, prise du Sud-Est

Façade du Temple-Neuf et du Couvent, en 1860

couvent, fut commencée en 1307, pendant la tenue, dans notre ville, d'un chapitre général, auquel assistèrent plus de 800 Frères. L'évêque Jean de Dirpheim, „très grand ami de l'Ordre“ quand même, posa la première pierre d'un nouveau chœur, qui, exclusivement destiné aux religieux, reçut, par ses vastes dimensions, le caractère d'une véritable église [1]. Quant au vaisseau, on se borna à démolir le bas-côté du sud, et à accoler à l'ancienne haute-nef une nouvelle nef de même hauteur et largeur, à laquelle fut ajouté un nouveau bas-côté méridional aussi haut que les deux grandes nefs [2]. Les nouvelles constructions ne marchèrent toutefois pas aussi vite que celles du treizième siècle; retardées et suspendues à plusieurs reprises par suite des troubles politiques et religieux de l'époque, elles ne purent être terminées qu'au bout de 38 ans; ce ne fut que le 17 septembre 1345 qu'eut enfin lieu la consécration de l'église agrandie, pour l'autel de laquelle le prieur, Pierre de Grostein, avait reçu de Cologne quelques-unes des reliques des onze mille vierges.

Cette première moitié du quatorzième siècle fut d'ailleurs, dans la vie intérieure des Dominicains de Strasbourg, la plus belle période de leur histoire. Leur couvent fut, pendant une soixantaine d'années, le foyer d'une théologie toute mystique qui exerçait une influence d'autant plus salutaire qu'elle inspirait à ses partisans une charité plus active et plus dévouée. Une doctrine qui prêchait aux âmes le détachement absolu des choses terrestres pour entrer en communion intime avec Dieu, était bien faite pour attirer les esprits supérieurs, comme les plus humbles, en présence de l'anarchie et de la misère universelle qui désolaient à cette époque la chrétienté. Le premier qui professa cette doctrine en Alsace, vers la fin du treizième siècle, fut le frère Eckart, originaire de Strasbourg même, un des penseurs les plus profonds du moyen âge. Après avoir été envoyé, en 1303, comme provincial de l'Ordre, en Saxe, puis en Bohême, il revint, en 1316, en qualité de vicaire du général, dans sa ville natale, où il prêcha dans différents couvents de femmes; plus tard, il devint professeur de théologie à Paris. Il eut de nombreux disciples, parmi lesquels nous citerons Nicolas de Strasbourg, Jean de Dambach, Egenolphe d'Ehenheim, Dietrich de Colmar, Jean Fuckerer, Berthold et Cunon de Kageneck, tous également pieux et savants, et qui se distinguèrent, les uns comme prédicateurs, les autres comme auteurs de traités théologiques. Mais le plus illustre de tous fut Jean Tauler, un des hommes les plus remarquables dont notre cité ait le droit de s'enorgueillir, et qui doit occuper la place d'honneur dans une histoire du Temple-Neuf.

* * *

Jean Tauler, fils de Nicolas Tauler, un des échevins de la ville, naquit en 1290 dans le quartier du Finkwiller, près du petit pont des Moulins. A dix-huit ans il entra comme novice dans le couvent des Dominicains; puis il se rendit à Paris pour y étudier la théologie. Mais l'enseignement purement scolastique des maîtres „qui ne lisaient que dans les livres des „savants et ne puisaient pas dans le livre de la vie“, ne put le

---

[1] Le chroniqueur Jean Meyer dit que nos Dominicains voulurent avoir un chœur qui fût plus beau que celui de la Cathédrale, prétention, ajoute-t-il, « assez étonnante chez un Ordre mendiant » (*das wol ze verwundern ist an einem semlichen armen orden*).

[2] La superposition et la juxtaposition des constructions du quatorzième siècle à celles du treizième se reconnaissent facilement sur le plan et la coupe de l'église, planches IV et V.

satisfaire; il revint à Strasbourg, où il ne tarda pas à s'attacher à la doctrine mystique d'Eckart, tout en la ramenant des hauteurs où l'avait placée la métaphysique spéculative de son maître, pour l'appliquer plus spécialement aux besoins religieux du peuple. Tauler s'affilia aux „Amis de Dieu“, association d'hommes de toutes conditions, tant ecclésiastiques que laïques, qui avaient pour but d'offrir aux pauvres et aux malheureux les secours et les consolations dont ils étaient souvent privés en ces temps de calamité générale. Un des membres les plus éminents de cette association, Nicolas de Bâle, attiré par la réputation de Tauler comme prédicateur, vint en 1340 le visiter à Strasbourg et, quoique laïque, après avoir conféré avec lui, le jugea encore loin de la véritable perfection dans l'union spirituelle avec Dieu. Il lui imposa des exercices de piété et lui interdit pendant deux ans la prédication. Tauler se soumit humblement aux prescriptions de l'*ami de Dieu*; il resta enfermé dans sa cellule, supportant avec patience les moqueries des moines et les critiques de la foule sur le compte de ce prédicateur „qui avait perdu l'esprit“. Lorsqu'il reparut pour la première fois dans la chaire, il fut ému jusqu'aux larmes et ne put prononcer que quelques paroles; mais dès lors il prêcha avec d'autant plus de vigueur et d'éloquence. Il fut prédicateur populaire dans le sens le plus élevé du mot, s'abstenant de tout étalage d'érudition pour parler au peuple, dans un langage qu'il pouvait comprendre, de la nécessité de l'abnégation de soi-même et de la béatitude de la vie cachée en Dieu. Tauler s'attachait à conduire l'homme à la connaissance de Dieu et à une union intime avec le Créateur, par la purification du cœur, par un renoncement absolu à tout désir personnel, à toute volonté propre, ce qu'il appelait la *pauvreté parfaite*. Ce côté pratique de son mysticisme, qui lui a valu les éloges de

Bossuet, caractérise aussi les écrits qu'il a laissés et dont le principal est l'*Imitation de la vie pauvre de Jésus-Christ*[1].

Lorsque la ville de Strasbourg, pour s'être déclarée en faveur de l'empereur Louis de Bavière contre son compétiteur, Frédéric d'Autriche, eut été mise en interdit par le pape Jean XXII, le Magistrat défendit aux Dominicains de publier la sentence d'excommunication; alors ceux-ci fermèrent, en 1331, leur église et quittèrent la ville, où ils ne rentrèrent que quatre ans plus tard. Mais Tauler et quelques autres Frères restèrent à leur poste et, jugeant qu'il était injuste de „frapper le pauvre peuple „pour les querelles des rois“, continuèrent, malgré l'interdit, de prêcher, soit dans leur église, soit dans celles des religieuses de leur Ordre, et d'administrer les sacrements aux fidèles. En 1348, la *peste noire* vint mettre le comble à la terreur générale, fauchant en un an 16,000 habitants et provoquant le fanatisme de la population contre les Juifs; beaucoup de prêtres, autorisés par des bulles pontificales, s'abstinrent de donner aux mourants les secours de la religion et aux morts la sépulture. Tauler et deux autres moines, l'augustin Thomas de Strasbourg, et le

[1] *Von der Nachfolgung des armen Lebens Christi*. Le manuscrit de cet ouvrage, qui faisait autrefois partie de la bibliothèque de la commanderie de Saint-Jean, à Strasbourg, portait la suscription suivante : *Dis buch leret wie man dem armen, versmahten, pinlichen leben unsers herrn ihesu cristi nach sülle volgen, und wie man ynnerlich leben sol, und wie man zu rehter wurer vollekomenheit komen müge, und leret manigen mynnenclichen underscheit göttelicher warheit.* — La vie et les œuvres de Tauler ont fourni à notre savant concitoyen, M. le professeur Ch. Schmidt, le sujet de quatre monographies : *Essai sur les mystiques du 14e siècle,* etc. (Strasbourg, 1836). — *Johannes Tauler von Strassburg,* etc. (Hambourg, 1841). — *Die Gottesfreunde im 14. Jahrhundert,* etc. (Jéna, 1855). — *Nicolaus von Basel, Bericht von der Bekehrung Tauler's* (Strasbourg, 1875). — Citons encore la notice biographique publiée par M. Edel : *Johannes Tauler im 14. Jahrhundert* (Strasbourg, 1852).

chartreux Ludolphe de Saxe, furent presque les seuls qui, restant fidèles à leur mission, osèrent braver à la fois la contagion et l'interdit, pour porter aux mourants les consolations suprêmes et rendre aux morts les derniers devoirs. Mais lorsque la calamité fut passée, ces hommes de cœur furent désavoués par l'évêque, Berthold de Bucheck, et obligés de quitter la ville. Tauler se retira dans le couvent de Cologne, d'où il ne revint après quelques années dans sa ville natale que pour y finir ses jours. Il mourut le 16 juin 1361, dans un pavillon du jardin du couvent de Saint-Nicolas *aux Ondes*[1], où il était allé rendre visite à sa sœur, religieuse dans cette maison. Il fut inhumé dans le cloître des Dominicains; sa pierre tumulaire a heureusement survécu aux deux catastrophes qui ont détruit, en 1860, le couvent, et en 1870, l'église des Frères-prêcheurs.

* * *

Après la mort de Tauler, la ferveur ascétique dont il avait été en quelque sorte l'âme, ne se maintint plus longtemps dans le couvent; l'esprit mondain ne tarda pas à y reprendre le dessus et le mysticisme disparut au milieu de préoccupations et d'intérêts qui n'avaient rien de „spirituel". Les quarante dernières années du quatorzième siècle et la première moitié du quinzième furent remplies presque exclusivement par de nouvelles reprises des anciennes contestations entre les Dominicains et le clergé séculier sur l'*ultimum vale* et les autres privilèges accordés par les papes aux Ordres mendiants; par un long procès au sujet de la prébende d'une petite chapelle de Saint-Nicolas, située près d'Obernai, dont la collation, en faveur d'un prêtre séculier, appartenait à l'abbesse de Sainte-Odile; enfin, par des dissensions entre les Frères-prêcheurs et les religieuses des maisons soumises à leur surveillance, qui, à la suite de certains scandales provoqués par de jeunes Dominicains, demandèrent à être soustraites à l'autorité de l'Ordre. Nous n'entrerons pas plus avant dans le détail de ces différentes querelles, peu édifiantes pour le commun des fidèles, et nous nous bornerons à ajouter que, comme au siècle précédent, la victoire finale resta aux disciples de saint Dominique.

Cependant, malgré ces questions temporelles, l'esprit studieux qui, dans les beaux jours de leur histoire, avait distingué nos Dominicains, se retrouve chez eux dans le courant du quinzième siècle. Les uns étudiaient le droit canonique, tels que le frère Erhard Jud qui fut choisi par l'évêque Robert de Bavière (1439—1478) pour son vicaire pénitencier; d'autres, sans s'élever aux hauteurs du mysticisme du siècle précédent, se livraient à l'interprétation allégorique des saintes Écritures ou à l'étude des pratiques ascétiques. C'était aussi là le fond principal de la prédication des Frères, dont la tendance allégorique se retrouve dans les sermons en langue allemande, qui existent encore, des prieurs Pierre de Gengenbach et Hugues d'Ehenheim, de maître Pierre de Breslau, confesseur de Saint-Nicolas-aux-Ondes en 1445, et de maître Ingold, lecteur du couvent[1].

---

[1] Ce couvent, situé dans la Krutenau, s'appelait dans la langue populaire *zu den Hunden* (« aux chiens »), par corruption du latin *in undis*.

[1] Maître Ingold est l'auteur d'un livre bizarre, intitulé « le Jeu d'Or » (*Das Gulden Spil*) et imprimé à Augsbourg en 1489. L'auteur y fait une application allégorique, aux sept péchés capitaux, des sept jeux ou divertissements suivants : Échecs (*Schafzagel*), jeu de dames (*Bretspil*), cartes (*Kartenspil*), dés (*Würffelspil*), tir (*Schiessen*), danse (*Tanczen*) et musique (*Saitenspil*).

Cette prédilection pour l'allégorie, qui caractérise en général la littérature de l'époque, se traduisit aussi par une œuvre d'art que les Dominicains firent exécuter dans leur église, dans le premier tiers du quinzième siècle. Nous voulons parler de la célèbre *Danse des Morts*, dont plusieurs scènes, retrouvées à peu près intactes, en 1824, sous le badigeon qui les avait recouvertes pendant trois siècles, ont subsisté jusqu'en 1870. Ces fresques, remarquables à plus d'un titre, devant faire l'objet d'un chapitre spécial de ce travail, nous nous contentons de leur consacrer ici cette mention sommaire à leur date historique.

L'activité par laquelle les Dominicains avaient, pour ainsi dire, débuté en s'établissant à Strasbourg, la recherche de l'hérésie, n'avait pas chômé dans le courant du quatorzième siècle. A trois reprises différentes, les inquisiteurs eurent l'occasion de déployer leur zèle officiel pour le maintien de l'unité de la foi. En 1317, ils poursuivirent une secte, dite *du libre esprit*, qui, s'emparant de quelques propositions de maître Eckart, les outrait et en tirait des conséquences immorales. Cette secte avait, en Alsace, quelques adhérents parmi les laïques et dans les béguinages; mais il ne paraît pas qu'aucun d'eux ait été livré au bras séculier. En 1358, on procéda de nouveau contre les béguines, soupçonnées de professer les erreurs de la secte du libre esprit; plusieurs d'entre elles furent punies en 1366; mais quelques années plus tard, lorsque l'empereur Charles IV ordonna la suppression de tous les béguinages d'Allemagne, les Dominicains de Strasbourg intercédèrent eux-mêmes en faveur de celles de ces maisons qui étaient placées sous leur direction; il y a donc lieu de croire que les hérésies dont on les accusait n'étaient pas bien sérieuses.

Vers l'an 1378, on découvrit à Strasbourg de nouveaux hérétiques qui professaient quelques principes des Vaudois. On les appelait *Winkeler*, parce qu'ils se réunissaient en secret dans des endroits écartés (*Winkel*) des autres habitations. Quelques-uns de leurs adhérents furent saisis, mais le Magistrat se contenta de les bannir.

Cette mansuétude ne se renouvela pas, lorsque, quatre-vingts ans plus tard, les Frères-prêcheurs eurent affaire à une dernière hérésie dans notre ville. En 1452, ils découvrirent qu'un certain Frédéric Reiser, originaire de la Souabe, qui avait déjà séjourné auparavant à Strasbourg, y était revenu et propageait des doctrines empruntées aux Hussites. Il fut arrêté et, après avoir été interrogé par Reinbold Museler, lecteur des Dominicains, en présence du vicaire général, de l'évêque et de l'ammeistre, Jean Drachenfels, il fut condamné à mort, ainsi que deux femmes accusées d'être ses complices. Les trois malheureux, amenés au Marché-aux-Chevaux [1], où le frère Martin de Bergheim fit un sermon à la foule, se rétractèrent; l'une des deux femmes eut la vie sauve et dut se soumettre à une pénitence publique; l'autre et Reiser, livrés au bras séculier, furent conduits au Marais-Vert et y périrent dans les flammes du dernier bûcher allumé à Strasbourg pour cause d'hérésie, au seuil même des temps modernes, et vingt ans après l'invention, dans notre ville, de „l'art merveilleux" qui venait de donner au monde, au lieu de la torche incendiaire du fanatisme politique et religieux, le flambeau rédempteur de la civilisation!

Dans les dernières années du quinzième siècle, les Dominicains firent construire au côté nord du chœur une chapelle qui fut consacrée à sainte Élisabeth et dont nous aurons

[1] La place Broglie et du Théâtre.

à reparler dans la suite. En 1502, le cardinal Raymond de Gurk, légat du pape, de passage à Strasbourg, promit cent jours d'indulgence à ceux qui visiteraient cette chapelle aux fêtes de sainte Élisabeth et des saints Barthélemy, Thiébaut, Sixte, Cyriaque et Roch, et qui contribueraient par leurs offrandes à son entretien. Mais à cette époque le couvent marchait déjà vers sa décadence; la plupart de ses membres étaient des hommes sans instruction et sans vocation, malgré la présence, dans leurs rangs, de quelques prêtres distingués, tels que Thomas Lamparter, ami de Wimpfeling et de Geiler de Kaysersberg, Jean Winkel, lecteur, et Jean Ortwin, de Vendenheim, suffragant de l'évêque de Strasbourg, qui mourut en 1514 [1].

Lorsque Ulric de Hutten lança, en 1522, sa déclaration de guerre contre tout l'Ordre des Dominicains, il la fit aussi afficher aux portes de leur église à Strasbourg; mais celle-ci, située au milieu d'une ville forte, était heureusement à l'abri des attaques du bouillant chevalier souabe. Le mouvement de la Réforme amena beaucoup de moines à quitter leurs couvents; en 1523, les Franciscains (Frères mineurs) abandonnèrent le leur à la ville. Le Magistrat institua une commission dite „des couvents" (*Klosterherren*), chargée de faire l'inventaire des propriétés monastiques et de veiller à ce que rien n'en fût aliéné; on accorda une pension viagère aux religieux qui ne voulaient pas rentrer dans le monde. La sécularisation du couvent des Frères-prêcheurs ne se fit pas aussi pacifiquement. Le provincial des Augustins, Conrad Tréger, s'étant livré à des excès de langage contre les prédicateurs de la Réforme et

contre la ville elle-même, plusieurs bourgeois irrités allèrent s'emparer de lui. Ils se saisirent également du prieur des Dominicains et de quelques Frères, et les conduisirent à l'Hôtel-de-Ville, où les prisonniers furent immédiatement remis en liberté. En 1525, le dernier prieur, Nicolas de Blæsheim, se retira à Haguenau, emportant les ornements de l'église, le sceau [1] et la caisse du couvent. Un nouveau tumulte fut provoqué par la résistance de quelques moines aux commissaires chargés de faire l'inventaire des biens; ensuite les Frères eux-mêmes portèrent plainte contre le prieur, et quittèrent l'un après l'autre le couvent, les uns pour se livrer à des travaux manuels, les autres pour devenir maîtres d'école. En 1531, il n'y restait plus que cinq religieux qui, le 15 mars de cette année, cédèrent les bâtiments du couvent et quelques rentes à l'hôpital des lépreux, situé hors la porte de Pierres, à côté de l'Église-Rouge, sur l'emplacement actuel du cimetière de Sainte-Hélène [2]; le reste des biens fut remis à l'hôpital civil et à d'autres établissements de bienfaisance. Mais la léproserie n'ayant pas eu besoin du couvent, où, depuis 1535, on avait logé quelques étudiants, le Magistrat le céda, par acte du 27 février 1538, au Gymnase nouvellement fondé et qui en demeura en possession jusqu'à nos jours. Quant à l'église, elle resta provisoirement fermée au culte.

Telle fut, après trois siècles environ d'existence, la fin de

---

[1] Le tombeau d'Ortwin a, comme celui de Tauler, survécu aux ruines du Temple-Neuf.

[1] Le sceau du couvent représentait le martyre de l'apôtre saint Barthélemy, patron de l'église des Dominicains; selon la légende, il fut écorché vif.

[2] Les lépreux, appelés *Sondersiechen*, c'est-à-dire « malades séquestrés », étaient communément désignés par le terme de *Gute Leute* (« bonnes gens »), dont le patois strasbourgeois a fait *Gottlitter*, qui est encore aujourd'hui le nom populaire du cimetière de Sainte-Hélène.

l'établissement des Dominicains de Strasbourg[1]. Leur maison et, plus encore, leur vénérable église étaient réservées à d'étranges vicissitudes, pour périr enfin, à dix années d'inter- valle, dans des catastrophes mémorables qui n'en devaient pas laisser „pierre sur pierre" !

[1] L'habit blanc des Frères-prêcheurs a reparu de nos jours dans notre ville, quand, en février et mars 1840, le célèbre père Lacordaire, restau- rateur de l'Ordre de saint Dominique en France, vint prêcher le carême à la Cathédrale, où sa réputation de grand orateur attira chaque jour un auditoire considérable autour de la chaire de Geiler.

II

L'ÉGLISE DES DOMINICAINS PENDANT L'INTÉRIM

Pendant que le couvent des Dominicains, transformé en Gymnase, continuait à rester un asile d'étude et de méditation, les deux parties séparées dont se composait leur église subissaient des destinées très différentes. Dès l'année 1538 même, où les anciens bâtiments claustraux furent affectés à l'école supérieure, nouvellement créée, le chœur fut cédé au chapitre de Saint-Thomas, qui en accorda l'usage aux nombreux réfugiés réformés français, italiens et espagnols que la persécution pour cause de religion avait fait affluer à Strasbourg. Le service en langue française y fut célébré, sans interruption, depuis 1538 jusqu'en 1577. Le premier prédicateur fut Jean Calvin, auquel succédèrent Pierre Brully et Jean Garnier. Lorsque, en 1577, le calvinisme eut été proscrit dans Strasbourg, le chœur fut donné à la Haute-École pour la célé- bration des solennités académiques. Quant au vaisseau de l'église, il resta sans emploi pendant quelques années; mais en 1546, lorsque, à la suite de la victoire de Charles-Quint sur la ligue de Smalkalde, la ville de Strasbourg se vit exposée à être attaquée, le Magistrat utilisa l'église des Frères-prêcheurs comme magasin, pour y déposer ses approvisionnements en armes, en munitions et en vivres. La guerre, heureusement, n'éclata point; l'empereur fit publier, le 14 juin 1548, à la diète d'Augsbourg, l'*intérim*, c'est-à-dire le règlement provisoire qui devait être observé dans tout l'empire, en matière de religion, jusqu'à la décision définitive d'un concile général de l'Église. La ville de Strasbourg refusa d'abord d'y accéder; mais, forcé enfin de se soumettre, le Magistrat en fit, le 27 octobre 1549, l'objet d'une transaction avec l'évêque Erasme de Limbourg, pour une durée de dix ans.

En vertu de cet *intérim*, la Cathédrale et les deux églises collégiales de Saint-Pierre-le-Vieux et de Saint-Pierre-le-Jeune furent rendues aux catholiques, qui en reprirent possession le 1ᵉʳ février 1550. La paroisse protestante, qui avait occupé la Cathédrale depuis 27 ans, reçut en échange l'ancienne église des Dominicains. Celle-ci, après avoir été débarrassée des matériaux de toutes sortes pour lesquels jusque-là elle avait servi de dépôt, et remise en état comme lieu de culte, fut rouverte pour la première fois, le 9 février 1550, pour le service divin; mais ce ne fut qu'en 1553 qu'elle reçut le caractère d'église paroissiale.

Lorsque *l'intérim*, qui, comme tous les compromis, n'avait naturellement satisfait ni les catholiques ni les protestants, arriva au terme de ses dix ans, le Magistrat, appuyé par la majorité de la population, refusa, à la demande de l'évêque, de le renouveler, et résolut de se remettre, pour le 2 février 1560, en possession de la Cathédrale. Mais le 19 novembre 1559,

celle-ci fut envahie par le peuple, qui s'y livra à d'inqualifiables actes de violence contre les prêtres catholiques, auxquels il ne resta plus qu'à quitter la ville. La Cathédrale fut laissée ouverte à tout venant, pendant neuf mois, dans un état d'abomination semblable, selon le chroniqueur contemporain Sébald Bühler, „à une étable de porcs, où les ivrognes se retiraient pour s'y „coucher et y faire leurs immondices“. Enfin, le 18 août 1560, le Magistrat la fit fermer jusqu'au 17 mai 1561, où elle fut nettoyée et rétablie à l'usage de la paroisse du Temple-Neuf; le culte y fut de nouveau célébré à partir du lendemain, 18 mai, qui était le dimanche avant la Pentecôte. L'église des Frères-prêcheurs, abandonnée pour la seconde fois, servit, comme auparavant, de magasin; mais, cette fois-ci, elle devait rester fermée pendant 120 ans et n'être rendue à sa destination première qu'après la réunion de Strasbourg à la France, en 1681.

III

L'ÉGLISE DES DOMINICAINS

Nous interrompons ici la partie historique de notre travail pour donner la description[1] de l'église et du couvent des Dominicains, que nous avons dû réserver jusqu'ici. Elle forme le texte explicatif des planches II à VI.

[1] Notre description est faite d'après les deux études suivantes, spécialement architectoniques, publiées dans le Bulletin de la Société des monuments historiques d'Alsace, IIᵉ série, tome IX (Strasbourg, 1876): 1° *Notice sur l'ancien Temple-Neuf et sur l'ancien Gymnase de Strasbourg*, par E. Salomon, architecte. Avec cinq planches, dont les trois principales sont reproduites dans le présent ouvrage; 2° *Église des Dominicains, aujourd'hui Temple-Neuf et Bibliothèque*, par feu M. Fries, architecte de la ville. Avec trois planches de croquis architectoniques. Ce dernier travail a été annoté et publié par M. le chanoine Straub, président de la Société susmentionnée. La notice de M. Salomon a été publiée dans un tirage à part.

3

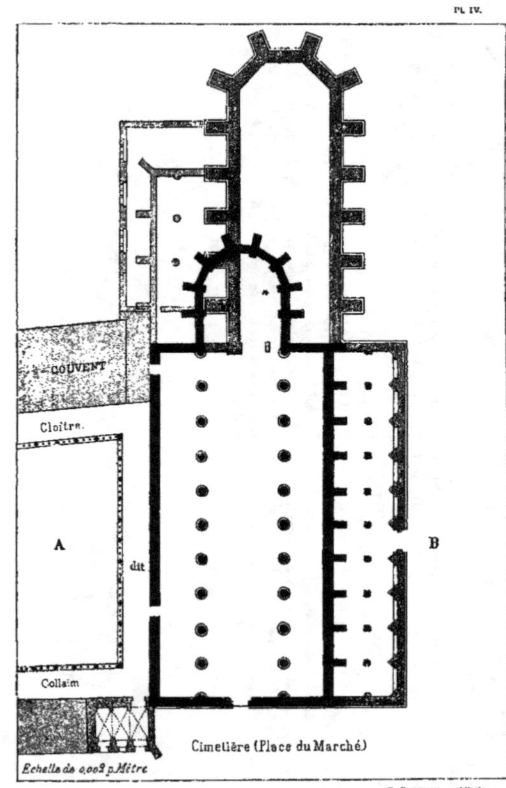

Plan de l'église des Dominicains

Coupe géométrique de l'église des Dominicains
(Ligne A B du plan)

L'église construite de 1254 à 1260, dans le style ogival primitif, se composait d'un vaisseau très allongé, à trois nefs, et d'un chœur de dimensions comparativement restreintes[1]. Deux rangées de neuf piliers cylindriques et quatre demi-colonnes engagées aux deux extrémités, à bases et chapiteaux ronds, sans ornements, séparaient la haute-nef des nefs latérales, formant ainsi dans chacune dix travées voûtées en tiers-point, dont les nervures étaient portées par des consoles, établies, dans les bas-côtés, au niveau des chapiteaux, et dans la grande nef, à mi-hauteur des murs au-dessus des arceaux. La partie supérieure de ces murs était percée de chaque côté d'une rangée de dix fenêtres ogivales de petites dimensions et en partie sans meneaux, qui éclairaient la haute-nef. Le collatéral du sud, supprimé lors de l'élargissement de l'église en 1307, a dû avoir dans chaque travée une fenêtre; quant au collatéral nord, il n'en avait aucune, parce que à son mur extérieur se trouvait adossée une des galeries du cloître, avec laquelle il communiquait par deux portes s'ouvrant, l'une dans la troisième travée du côté ouest, l'autre dans l'extrême travée à l'est. La nef centrale avait, à l'ouest, la porte principale, en ogive, à tympan plein, et surmonté d'une haute fenêtre à trois meneaux et rosace dans l'ogive; une porte latérale se trouvait probablement dans le bas-côté méridional. Le chœur, d'après les fondements retrouvés en 1873, ne comprenait qu'une seule travée, à laquelle faisait suite un chevet polygonal formé par sept pans d'un dodécagone (polygone à douze pans), renforcés à l'extérieur par des contreforts, et probablement percés chacun d'une étroite fenêtre à lancettes. Le maître-autel paraît y avoir été établi, non au fond, mais au centre de l'abside, car la première pierre de l'église, retrouvée en 1873, avait été, comme il a été dit au début, posée le 26 juin 1254, „derrière le maître-autel, entre l'angle de droite et le mur“ (*positus est lapis primarius retro majus altare inter cornu dextrum et murum*)[1].

L'agrandissement de cette église primitive, exécuté de 1307 à 1345, se fit, comme nous l'avons déjà indiqué, par la démolition du collatéral sud et son remplacement par une deuxième haute-nef, accotée d'un nouveau bas-côté qui reçut la même hauteur que les nefs centrales, sans doute pour procurer à ces dernières plus de lumière que n'auraient pu leur en fournir les petites fenêtres d'un bas-côté semblable à celui du nord. Cette juxtaposition[2] dénote chez l'architecte, malheureusement inconnu, qui la conçut et l'exécuta, une pensée d'une hardiesse incontestable, et prouve combien l'art avait fait de progrès dans l'espace d'un demi-siècle. Elle fut naturellement faite dans les formes qui caractérisèrent le style ogival secondaire. Ainsi les arceaux séparant les deux nouvelles nefs étaient portés par neuf piliers octogones à pans légèrement concaves, avec rainures aux angles; ils étaient sans chapiteaux et donnaient, à la hauteur des voûtes, naissance aux nervures. Le cinquième de ces piliers, en comptant de l'ouest à l'est, c'est-à-dire, le premier qu'on trouvait à droite en entrant par la porte latérale établie dans la cinquième travée, en face de la rue des Orfèvres, portait l'épitaphe latine de dame Engula de Rosheim, morte le 22 avril 1317, épouse du chevalier Nicolas Zorn, *Schultheiss* de

---

[1] Voir sur le plan (pl. IV) la partie teintée en noir, et sur la coupe géométrique (pl. V), prise sur la ligne A B du plan, la partie marquée en hachures obliques.

[1] L'astérisque * indiqué sur le plan marque le point précis où la pierre fondamentale a été retrouvée, à huit pieds sous le sol.
[2] Elle est marquée sur le plan par des hachures croisées.

Strasbourg [1] aux frais duquel ledit pilier avait été érigé, selon la disposition (*ex ordinatione*)[2] du frère Conrad Gyps. On sait, en effet, que plusieurs citoyens contribuèrent à la construction de la nouvelle église en se chargeant de l'érection de telle ou telle de ses parties; Conrad Gyps, *procurator fabricæ*, c'est-à-dire administrateur ou receveur des biens du couvent, assigna à chacun d'eux le travail à exécuter pour son compte personnel. Par suite de l'élargissement considérable de l'église, l'espace fit défaut pour construire en dehors du mur méridional les contre-forts destinés à amortir la forte poussée des trois hautes voûtes; ils furent construits dans le corps même du mur et les arcs-boutants, établis à l'intérieur du collatéral, s'y adossaient aux piliers octogones; chacun d'eux était percé à sa partie supérieure d'une ouverture ogivale [3]. La nouvelle haute-nef avait dans la façade ouest la porte principale divisée en deux par un pilier central et surmontée d'une riche claire-voie à quatre lancettes. Au-dessus s'ouvrait une haute et large fenêtre à quatre lancettes et rosace. A côté d'elle, une fenêtre à deux lancettes éclairait l'extrémité ouest du bas-côté sud, dont chaque travée était également percée d'une haute fenêtre; au-dessous de la cinquième se trouvait la porte latérale, déjà mentionnée; elle était surmontée d'un tympan rectangulaire plein, richement sculpté, qui a heureusement été sauvé de la destruction.

[1] Voy. à l'appendice : *Inscriptions.*

[2] Cette expression a suggéré à M. Edel la pensée que Conrad Gyps a peut-être été l'auteur du plan de la nouvelle église et l'architecte qui en a dirigé la construction. Mais dès le treizième siècle on distinguait l'architecte, appelé « maître de l'œuvre » (*magister operis*), du *procurator* ou *gubernator fabricæ*. Ce dernier, auquel les donateurs venaient remettre leurs offrandes, avait seul qualité pour leur attribuer la partie des travaux dont ils déclaraient vouloir se charger.

[3] Voir la *coupe* de l'église et la vue de l'intérieur, planche XII.

Le plan inusité d'une double nef centrale eut pour effet de reporter l'axe longitudinal de l'édifice sur la rangée méridionale des piliers ronds de l'ancienne église. Cet axe devint aussi celui du nouveau chœur, disposition qui n'eût pas été possible si celui-ci avait dû s'ouvrir par un arc triomphal sur le vaisseau. Mais le chœur, destiné uniquement au service religieux des Frères, fut entièrement séparé par un mur de l'église des laïques, avec laquelle il ne communiquait que par trois portes pratiquées sous un jubé qui, formé de cinq arcades ogivales, occupait toute la largeur des deux grandes nefs, et au-dessus duquel s'ouvraient deux hautes baies accostées (comme le fait voir la coupe) au pilier central engagé dans le mur du chœur; ces ouvertures permettaient aux religieux d'assister à la prédication dans la tribune qui surmontait le passage établi à travers la première travée du chœur, pour communiquer avec le cloître et les bâtiments conventuels. Le chœur lui-même, conçu dans des dimensions grandioses, comprenait, outre cette travée où se trouvait la porte, cinq autres travées terminées par un chevet à trois pans, dont les murs étaient ornés de peintures représentant des anges et des saints; des restes de ces fresques ont été retrouvés lors de la démolition des ruines en 1873. Le chœur était éclairé par treize hautes fenêtres, pratiquées entre les puissants contreforts qui l'entouraient à l'extérieur. Toutes ces fenêtres étaient remplies de verrières peintes, d'une grande valeur, dont les panneaux à figures, achetés en 1835 par l'Œuvre Notre-Dame, ont été placés en partie dans la chapelle de Saint-Laurent, à la Cathédrale; les vitraux qui remplissaient les ogives restèrent seuls en place et périrent en 1870. Autour de chacune de ces ogives avaient été placés, dans le parement du mur, neuf pots en terre cuite, couchés sur le flanc et l'orifice tourné vers l'intérieur; on croyait augmenter ainsi la sonorité de l'édifice, pour que le chant y résonnât plus fort. Il paraît néanmoins que, dans la suite, l'efficacité de ces „pots acoustiques" (*Schallgefässe*) a été reconnue nulle, car ils avaient depuis long-temps été bouchés et recouverts par le crépis. Quelques-uns d'entre eux ont pu être retirés intacts des murs en ruines, et se trouvent entre les mains de M. Salomon et de M. le chanoine Straub, qui les ont décrits et dessinés [1]. Au-dessus des fenêtres du chœur furent percées de petites baies destinées à éclairer et à aérer les combles. Ceux-ci formaient, sur les deux parties de l'édifice, trois étages de greniers portés par des charpentes de dimensions colossales. La toiture de l'ancienne haute-nef, conservée en place, fut considérablement exhaussée (comme on le voit sur la coupe), pour couvrir aussi la nouvelle grande-nef, et on y accola encore un comble en pente oblique pour la toiture du collatéral sud. C'est ainsi que le pignon de la façade occidentale, percée elle-même sans symétrie, reçut, avec une hauteur démesurée, cette forme irrégulière qu'il a conservée

[1] Voir la notice de M. Salomon et *Poteries acoustiques de l'ancienne église des Dominicains (Temple-Neuf) de Strasbourg* (Bulletin, IIe série, tome IX).

jusqu'à sa destruction. Le chœur, plus haut que le vaisseau, était couvert d'une toiture aussi plus haute [1], et, au point d'inter-section des deux combles, s'élevait un petit clocher octogonal en pierre, à pyramide élancée, qui renfermait la cloche unique, permise aux églises des Ordres mendiants [2].

[1] Le faîte du chœur fut, de temps immémorial, le lieu où, chaque année, vers le 20 août, les cigognes de Strasbourg se rassemblaient pour, de là, prendre leur vol vers le Midi.

[2] Nous complétons notre description par l'indication des dimensions approximatives du vieux Temple-Neuf, que M. Salomon a bien voulu nous communiquer :

Longueur, hors œuvre, du vaisseau	47^m,30
Longueur, dans œuvre	45^m,—
Largeur des grandes-nefs	10^m,—
Largeur du bas-côté nord	5^m,—
Largeur du bas-côté sud	3^m,—
Hauteur sous clefs des hautes-nefs	16^m,—
Du bas-côté nord	8^m,—
Longueur intérieure du chœur du 14e siècle	30^m,—
Largeur intérieure du chœur du 14e siècle	11^m,50
Hauteur du chœur du 14e siècle, environ	25^m,—
Le chœur primitif avait une profondeur d'environ	11^m,30
Sur une largeur de	11^m,—

IV

LE COUVENT DES DOMINICAINS

Le couvent des Dominicains, dont notre planche VI offre la vue d'ensemble, reconstituée telle qu'elle devait se présenter vers l'an 1500[1], s'étendait au nord et à l'ouest de l'église[2]. L'angle du vaisseau et du chœur était occupé par la chapelle Sainte-Élisabeth, bâtie sur un plan rectangulaire et divisée dans sa partie méridionale, adossée au chœur, en trois petites chapelles latérales situées entre les quatre contreforts qui s'y trouvaient englobés. Cette chapelle, construite vers la fin du quinzième siècle, fut démolie en 1590, pour faire place au grand bâtiment à deux étages, de style Renaissance, qui a subsisté jusqu'à nos jours sous le nom d'*Auditoire du Temple-Neuf*. Le rez-de-chaussée, éclairé du côté nord par quatre fenêtres et du côté est par deux fenêtres à deux meneaux, formait une grande et haute salle, divisée en deux nefs par une rangée de colonnes corinthiennes en pierre, supportant un plafond à caissons. Ce „grand auditoire" servit aux soutenances de thèses, aux distributions de prix et autres solennités académiques. La salle du premier étage, d'une construction toute semblable, sauf que les colonnes y étaient de bois, fut aménagée pour l'installation de la bibliothèque de l'ancienne Université.

Le couvent proprement dit, adossé au collatéral nord de l'église, formait, selon l'usage général, quatre ailes renfermant un préau ou jardin intérieur, autour duquel régnaient au rez-de-chaussée les quatre galeries du cloître. Celui-ci appartenait à la construction primitive du treizième siècle; chaque aile était éclairée par une rangée, presque continue, de onze grandes baies, inscrites dans un arceau en plein cintre surbaissé, et divisées par deux colonnettes et deux demi-colonnettes en trois lancettes en tiers-point, surmontées de deux ouvertures trilobées. Le cloître avait son entrée principale sur la place du Temple-Neuf, par un vestibule voûté qui s'ouvrait à côté de l'église sur la jonction des galeries de l'ouest et du sud; au-dessus de ce vestibule se trouvait une chambre basse, également voûtée, qui renfermait les archives du couvent et qu'une tradition populaire croyait avoir été autrefois la cellule occupée par Albert le Grand, quand il séjournait chez les Frères-prêcheurs

---

[1] La planche VI est une reproduction *facsimile* d'un croquis de M. E. Salomon, architecte, représentant le couvent des Dominicains vers l'an 1500.

[2] Les bâtiments de l'ancien couvent sont traversés, de l'est à l'ouest, par les fondements du mur d'enceinte de la cité romaine d'*Argentoratum*.

de Strasbourg. L'angle de jonction des galeries du sud et de l'est communiquait avec le passage qui régnait entre l'église et le chœur.

Les murs du cloître étaient primitivement couverts de peintures, datant probablement de la fin du quatorzième siècle et représentant des figures de saints, d'évêques, de moines célèbres. Au-dessus de la porte qui, dans la galerie du sud, donnait dans la nef latérale du nord, était peinte une fresque en grisaille représentant le Seigneur sur la croix, ayant à sa droite la Vierge et saint Pierre, et à sa gauche saint Jean[1]. Le pavé du cloître était formé en majeure partie de dalles funéraires, car le préau et les galeries qui l'entouraient servaient de sépulture aux moines. Au milieu de la galerie de l'est on voyait encore de notre temps les pierres tombales des trois personnages appelés „fondateurs“ de l'église et du couvent, c'est-à-dire Frédéric de Hanau-Lichtenberg, Ulric de Thalmessingen et Jean d'Albe, chanoines de la Cathédrale, morts, le premier, en 1251, les deux autres, en 1252; leurs épitaphes, placées après l'achèvement du nouveau chœur, devant le maître-autel, furent transférées en 1536 dans le cloître.

Au rez-de-chaussée des ailes ouest, nord et est du couvent se trouvaient probablement la salle capitulaire, les réfectoires et autres lieux de réunion de la communauté; le premier étage, construit en bois et briques, renfermait les cellules. Celles-ci ont existé en partie jusqu'à nos jours dans l'aile orientale, partagée dans toute sa longueur par un large, mais sombre corridor sur lequel les portes s'ouvraient en dehors; les cellules

situées du côté du préau n'étaient éclairées que par de petites fenêtres; celles du côté opposé, munies de fenêtres plus hautes, donnaient sur la cour extérieure du couvent, c'est-à-dire le *Grasboden*, où se trouvait l'entrée des classes du Gymnase et qui a servi pendant trois siècles aux ébats des dix générations d'écoliers qui ont reçu leur instruction dans le vénérable établissement. Jusque vers la fin du dix-huitième siècle, cette cour était entourée au nord et à l'est de bâtiments pourvus de galeries couvertes en charpente, d'où le public assistait aux représentations des pièces de théâtre que jouaient, sur une scène improvisée, les étudiants de l'Université[2]. Au nord du couvent même, se trouvaient, autour d'une cour triangulaire, différents bâtiments de service, établis au bord du vieux Fossé-des-Tanneurs, appelé aussi Fossé-des-Étudiants. Enfin, devant la façade occidentale de l'église et du couvent s'étendait une troisième cour extérieure, occupant l'emplacement actuel de la place du Temple-Neuf, et formant un hémicycle entouré également de galeries couvertes. Cet enclos, qui servit primitivement de cimetière pour les nombreux fidèles qui voulaient être inhumés chez les Frères-prêcheurs, avait trois entrées; l'une en face de l'église même, au bas de la ruelle des Dominicains, où subsiste encore de nos jours l'arcade de la porte; la seconde s'ouvrait près de la rue des Orfèvres, peut-être à l'endroit où se trouve le passage actuel du Marché-Neuf; enfin la troisième porte, (visible sur la planche VI), donnait près de la rue de l'Outre sur une impasse du Fossé-des-Tanneurs, appelée *Schlupf* (recoin).

---

[1] Cette grisaille, encore à peu près intacte, a pu être photographiée, après l'incendie du Gymnase; quant aux autres peintures murales, elles étaient trop détériorées pour qu'on pût en prendre des copies.

[2] Ces drames classiques avaient pour sujets des scènes bibliques ou de l'histoire ancienne; comme ils étaient écrits en latin, chaque représentation était précédée d'une exposition, en langue vulgaire, du contenu de la pièce.

E. SALOMON, architecte.

Le couvent des Dominicains en 1500

Tel était l'ensemble des bâtiments conventuels, lors du départ des Dominicains; nous aurons encore, dans la suite, l'occasion de mentionner l'état subséquent de l'une ou l'autre partie du couvent. Nous arrivons maintenant au monument le plus remarquable que renfermait l'ancienne église, c'est-à-dire à la *Danse des Morts*, dont nos planches VII à XI reproduisent les cinq tableaux qui ont subsisté jusqu'à la destruction de l'église.

V

LA DANSE DES MORTS

Les curieuses représentations connues sous la désignation de *Danses des Morts* ou *Danses macabres*, doivent leur origine à la croyance à la fin prochaine du monde, qui a régné pendant tout le moyen âge. Cette croyance, entretenue et sans cesse ravivée par les calamités sans nombre qui désolèrent l'Europe du dixième au quinzième siècle, familiarisa les esprits avec la pensée de la mort; les prédicateurs qui exhortaient les fidèles à la repentance furent naturellement amenés à dépeindre dans les termes les plus effrayants les peines réservées aux pécheurs qui ne se seraient pas amendés avant de comparaître au jugement dernier. Les terribles épidémies, qui décimèrent si souvent les populations, fournirent un nouvel aliment aux esprits, en leur montrant les hommes de toutes conditions indistinctement ravis par une loi inexorable. Cette idée de l'*égalité devant la mort* s'empara si vivement de l'imagination populaire qu'elle finit par devenir un sujet de consolation au milieu de l'affreuse misère des temps; les poètes, les artistes, peintres, sculpteurs, *imagiers*, y puisèrent des inspirations qui produisirent en différents pays ces tableaux rimés et dialogués, peints ou sculptés sur les murs des églises et des cimetières, ou simplement dessinés et gravés sur bois, où la Mort, figurée par un squelette, vient chercher à la file grands et petits, riches et pauvres, bons et méchants, et les entraîne sans pitié pour le „dernier voyage" dans une *ronde* funèbre où elle remplit le rôle de musicien. Nous ne pouvons nous étendre ici plus longuement sur ce sujet intéressant qui a fourni matière à de nombreuses monographies [1]; nous ajouterons seulement l'indication des trois

[1] Nous ne citerons, parmi ces ouvrages, que celui de notre concitoyen, Georges Kastner, le célèbre compositeur et écrivain musical: *Les Danses des Morts; dissertations et recherches historiques, philosophiques, littéraires et musicales sur les divers monuments de ce genre... accompagnées de la Danse Macabre, grande ronde vocale et instrumentale... et d'une suite de planches*, etc. Un volume grand in-4°, de 310 pages, avec 20 planches gravées et 44 pages de musique (Paris, 1852) — Aux pages 102 et 103 du texte, l'auteur parle de la Danse des Morts du Temple-Neuf.

Danses des Morts les plus anciennes, savoir : 1° celle du cloître du couvent des Dominicaines, appelé Klingenthal, situé dans le Petit-Bâle, laquelle date de 1312; 2° la Danse macabre du

Pl. VII.

LA DANSE DES MORTS — Premier Tableau

perpétuer le souvenir de la peste qui avait régné à cette époque. C'est la plus connue de toutes les œuvres de ce genre, grâce aux nombreuses reproductions qui en ont été faites

Pl. VIII.

LA DANSE DES MORTS — Deuxième Tableau

cimetière des Innocents, à Paris, qui paraît remonter au règne de Charles V (1364-1380), et dont la première édition connue est de 1485; 3° la Danse des Morts du couvent des Dominicains du Grand-Bâle, que les Pères du concile, tenu dans cette ville de 1431 à 1448, firent peindre, à ce que l'on croit, pour

depuis le dix-septième siècle jusqu'à nos jours; les fresques elles-mêmes ont disparu en 1805[1].

[1] Par une confusion inexplicable, la Danse des Morts du Grand-Bâle a été longtemps attribuée, et jusqu'à nos jours encore, à Jean Holbein le Jeune qui a vécu au seizième siècle. Le célèbre peintre bâlois est bien

La Danse des Morts du Temple-Neuf se composait d'une série de tableaux peints à fresque sur le mur occidental des grandes nefs et sur le mur sans fenêtres du collatéral nord ; ces tableaux, commençant à plus de sept pieds du sol, avaient

nature. Des cinq scènes qui ont pu encore être copiées en 1824, les quatre premières se trouvaient des deux côtés des portes et fenêtres des grandes nefs ; la cinquième continuait la série dans le bas-côté. Nous allons donner une explication de nos cinq

LA DANSE DES MORTS — Troisième Tableau

LA DANSE DES MORTS — Quatrième Tableau

environ sept pieds de hauteur et de cinq à sept pieds de largeur ; toutes les figures étaient un peu plus grandes que

l'auteur d'une Danse des Morts ; mais c'est une œuvre de son crayon de dessinateur, reproduite pour la première fois par la xylographie dans l'ouvrage intitulé : *Les Simulachres et historiées faces de la Mort, autant elegamment pourtraictes que artificiellement imaginées*. (Lyon, 1538). Cet ouvrage renferme 41 figures d'une Danse des Morts, dont chacune est accompagnée d'un texte biblique en latin et d'un quatrain explicatif en vers français.

planches [1], en résumant l'interprétation détaillée de toutes les figures, qui se trouve dans l'ouvrage de M. Edel.

[1] Ces planches sont calquées sur les lithographies publiées dans l'ouvrage de M. Edel qui a paru en 1825, un an après la découverte des fresques. Il est à regretter qu'aucun de nos artistes contemporains n'ait songé à faire des calques coloriés des peintures originales, dont, à notre connaissance, il n'existe que les dessins pris en 1824 par M. Arnold, architecte. — Le troisième tableau a été reproduit, en plus grand format, dans le *Messager boiteux de Strasbourg* (almanach populaire), pour l'année 1825.

Le premier tableau (pl. VII) représente le Sermon du dominicain, prêchant aux fidèles la nécessité „du bien vivre et du bien mourir" pour éviter la damnation éternelle. Les dix personnes qui forment son auditoire sont artistement groupées : Au second plan, devant la chaire, se tiennent deux jeunes gens ; à côté d'eux le pape, derrière lequel on voit un évêque et un cardinal, est à demi-tourné vers un seigneur (reconnaissable à son manteau garni d'hermine) ; sur le premier plan sont assis, au milieu, une religieuse ou béguine, les mains jointes en prière ; devant elle, un bourgeois et une matrone, tous deux en apparence endormis ; enfin, derrière celle-ci, à l'angle de la chaire, une jeune fille.

Le second tableau (pl. VIII) commence la ronde funèbre, renfermée, comme sur les trois suivants, dans une arcature peinte, à plein cintre aplati, supportée par de frêles colonnes. La Mort, figurée non comme un squelette, mais comme un corps humain amaigri et émacié, et drapé d'un suaire, se saisit du pape, suivi de trois cardinaux et de trois autres personnages de la cour pontificale.

Le troisième tableau (pl. IX) montre d'abord la Mort, la tête ceinte d'un bandeau, se glissant entre l'empereur et l'impératrice et saisissant celle-ci par la taille. A côté d'elle une dame d'honneur est à son tour saisie par une seconde Mort qui empoigne, en même temps, un jeune homme accompagné de deux autres jeunes gens et d'un homme âgé, appartenant tous à la suite de l'empereur.

Sur le quatrième tableau (pl. X), la Mort saisit la reine que le roi cherche en vain à délivrer de son étreinte ; à côté, la Mort entraîne à la fois une femme, un vieillard et deux jeunes gens, dont l'un se cramponne désespérément à une colonne.

Dans le cinquième et dernier tableau (pl. XI) un évêque, un cardinal et un abbé avec la crosse suivent, résignés, un vieillard qui semble se laisser emmener volontiers par la Mort ; celle-ci pousse devant elle un évêque, qu'une seconde Mort a saisi par le cou, pendant qu'à son tour elle pousse en avant une dame noble, accompagnée d'un homme.

Dans ces peintures, toutes les figures humaines expriment l'affliction, la terreur ou la résignation devant la Mort ; celle-ci se distingue particulièrement par son air sérieux, qui n'a rien de l'expression satirique ou railleuse qui caractérise ordinairement le squelette. On remarquera aussi qu'elle ne tient aucun des instruments de musique avec lesquels elle est figurée dans d'autres Danses. Quant à l'artiste qui a peint nos fresques, on en est réduit aux conjectures[1]. C'est peut-être Jean Tiefenthal, de Sélestat, bourgeois de Strasbourg, peintre et orfèvre, qui, en 1418 et 1419, exécuta des peintures murales dans une chapelle de Bâle, et qui vivait encore à Strasbourg en 1446. Il a pu s'inspirer de la Danse des Morts du Grand-Bâle, avec laquelle la nôtre a certaines ressemblances ; mais nous croyons plutôt que c'est celle du Klingenthal (de 1312) qu'il a dû prendre pour modèle, car ici comme au Temple-Neuf, les personnages forment des groupes nombreux[2], tandis qu'au Grand-Bâle et ailleurs la Mort n'est toujours représentée qu'en compagnie d'un seul individu. Quoi qu'il en soit, l'auteur de nos fresques

---

[1] On les a attribuées, mais à tort, à Martin Schœngauer ; à part la différence de style, le peintre de Colmar, mort en 1482 à un âge peu avancé, ne peut pas être l'auteur de tableaux qui datent évidemment de la première moitié du quinzième siècle.

[2] Cette même disposition, ainsi que le type de la Mort sous forme de corps émacié, se retrouvent dans la Danse des Morts de l'abbaye de la Chaise-Dieu, en Auvergne, qui date de la fin du quinzième siècle, et qui a été publiée par M. Achille Jubinal (Paris, 1841).

était incontestablement un homme de talent, témoin l'expression de grandeur et de beauté qu'il a su donner à la majeure partie de ses personnages et notamment à la figure de la jeune fille du

Nous avons encore à mentionner ici une peinture plus moderne, dont nous devons la connaissance à l'obligeance de notre savant ami, M. Ferdinand Reiber, à Strasbourg. En 1620,

PL. XI.

LA DANSE DES MORTS — Cinquième Tableau

premier tableau, que des connaisseurs ont déclarée digne de Raphaël.

* * *

Hilaire Dieterlin, fils du célèbre architecte-graveur Wendel Dieterlin, peignit pour l'Université un tableau qui fut placé dans le chœur du Temple-Neuf, alors affecté aux solennités académiques. Ce tableau, en forme de dyptique, représentait, sur le panneau de gauche, Jésus en prière dans le jardin des Oliviers, au moment où les Juifs y pénètrent pour se saisir de lui, et sur le panneau de droite, Jésus conspué par ses ennemis dans la cour de la maison de Caïphe. En 1621, le fils de l'artiste, Barthélemy, alors âgé de *onze* ans, grava ce tableau avec la légende suivante: *Mons Olivarum in Prædicatorum collegio depictus et anno 1621 à filio suo Bartholomeo æt. suæ XI delineatus.* Hilaire D. dédia cette estampe à l'empereur Ferdinand II qui la pourvut d'un privilège impérial pour dix ans[1]. Le tableau a dû disparaître pendant la Révolution.

[1] La planche du panneau de droite se trouve, comme le seul exemplaire connu jusqu'ici, dans la collection de gravures d'artistes alsaciens, de M. Ferdinand Reiber, riche en raretés iconographiques du même genre. Les détails ci-dessus sont empruntés à une notice sur Hilaire Dieterlin, publiée par notre compatriote dans le journal illustré, le *Mirliton*, du 1er juin 1884.

VI

LE TEMPLE-NEUF DE 1681 A 1789

Nous reprenons maintenant, à la date de 1681, l'histoire du Temple-Neuf, qui, à partir de cette époque, se résume dans une série de faits isolés.

L'article 3 de la capitulation du 30 septembre 1681, proposé par le Magistrat de Strasbourg et portant: „Sa Majesté laissera „le libre exercice de la religion, comme il l'a été depuis l'année „1624 jusqu'à présent, avec toutes les églises et écoles," etc., avait reçu des plénipotentiaires de Louis XIV l'apostille suivante: „Accordé… à la réserve du corps de l'église de „Notre-Dame, appelée autrement le Dôme, qui sera rendu aux „catholiques: Sa Majesté trouvant néanmoins bon qu'ils (les „protestants) puissent se servir des cloches de ladite église „pour tous les usages ci-devant pratiqués, hors pour sonner „les prières." En vertu de cette stipulation, la Cathédrale fut abandonnée dès le 12 octobre suivant par les protestants, auxquels le Magistrat assigna en échange l'ancienne église des Dominicains, qui devint dès lors la première de leurs églises paroissiales et fut désignée sous le nom de „Temple-Neuf" (*Neue Kirche*), qu'elle a conservé depuis cette époque jusqu'à nos jours comme dénomination officielle. Mais, comme il a été dit à la fin de notre première partie historique, l'église avait servi, pendant 120 ans, de magasin pour toutes sortes de matériaux pour les travaux de la ville, fascines, vieux tonneaux, etc.; on y avait entassé des provisions de suif, ainsi que les planches qui servaient à établir les baraques pour les foires annuelles de la Saint-Jean et de Noël; le pavé était couvert de monceaux de décombres. En attendant que l'église fût de nouveau appropriée aux besoins du culte, les différents services divins des dimanches et des jours de la semaine furent répartis entre les églises de Saint-Thomas, de Saint-Nicolas et de Saint-Pierre-le-Vieux. Le dimanche, 19 octobre, le Magistrat fit lire dans toutes les églises un avis portant que „la caisse municipale, obérée de dépenses, n'étant pas en état „de faire face, seule, aux frais de rétablissement du Temple- „Neuf, les fidèles de toutes les paroisses étaient invités à y con- „tribuer de leurs deniers." Cet appel justifia une fois de plus la réputation que les Strasbourgeois ont méritée de tout temps, de mettre volontiers la main à la poche pour toutes les œuvres d'un intérêt général, soit religieux, soit civil: en trois jours, la nouvelle paroisse du Temple-Neuf fournit une somme de 3116 florins, portée, les jours suivants, à un total de 4685 florins, auquel les autres paroisses contribuèrent pour les sommes suivantes : Saint-Thomas, 177 fl. ; Saint-Nicolas, 117 fl. ; Saint-Pierre-le-Jeune, 100 fl. ; Saint-Pierre-le-Vieux, 83 fl. ; Saint-Guillaume, 56 fl., et Sainte-Aurélie, 38 fl. Un grand nombre des artisans chargés des travaux les exécutèrent à prix réduits ou même gratis. Ces travaux consistèrent principalement dans la construction des grandes tribunes établies contre le mur oriental des deux nefs centrales, à la place de l'ancien jubé, ainsi que dans la majeure partie du bas-côté méridional, au-dessous des arcs-boutants ; les balustrades de ces tribunes furent couvertes de peintures à l'huile représentant des sujets de l'écriture sainte ; d'autres tableaux de même genre furent appendus aux piliers. Au fond de la grande nef du sud fut placé un nouvel autel ; une nouvelle chaire fut adossée contre un des piliers de la grande nef du nord. Quant à l'orgue, on se contenta pour le moment du petit instrument qui avait été placé au milieu du dix-septième siècle dans la Cathédrale, pour ménager le grand orgue. Tous ces travaux furent naturellement exécutés dans le style enjolivé de l'époque, dont le disparate avec celui de l'édifice ne choquait nullement nos bons aïeux, pour lesquels le *gothique* était lettre morte [1].

L'ancienne paroisse de la Cathédrale ne possédant aucun patrimoine, l'entretien du Temple-Neuf, le traitement de ses pasteurs et employés, ainsi que les frais du culte, furent mis à la charge de l'Œuvre Notre-Dame, dans la possession et l'administration de laquelle la ville de Strasbourg avait été maintenue par la capitulation ; sauf les difficultés provoquées à l'origine par suite de cet arrangement, les administrateurs de l'Œuvre montrèrent généralement le plus grand empressement à s'acquitter des obligations qui leur incombaient. Les maisons que la paroisse possédait dans le voisinage de la Cathédrale, et qui servaient de presbytères et d'habitations pour le maître d'école et le sacristain, furent successivement vendues et remplacées par d'autres maisons plus proches du Temple-Neuf.

Sept semaines suffirent pour mener à bonne fin le rétablissement de l'église: le dimanche 10 décembre, la petite cloche des Dominicains [2], muette depuis 120 ans, appela de nouveau pour la première fois les fidèles dans la maison du Seigneur, si longtemps abandonnée ; le service divin fut célébré par le pasteur Balthasar-Frédéric Salzmann, en fonctions dans la paroisse depuis 1659.

En 1696, l'ancienne maison des Frères-prêcheurs reçut un

---

[1] Voir la planche XII, représentant la vue en perspective de l'intérieur du Temple-Neuf ; c'est la reproduction d'une ancienne gravure qui a servi de frontispice à un livre de cantiques publié en 1709 sous le titre : *Stras- burgisches Gesangbüchlein.*

[2] Cette cloche datait de 1365.

visiteur que nous ne devons pas omettre de mentionner : ce fut le savant Bénédictin Dom Thierry Ruinart, l'ami et le collaborateur de Mabillon, qui fit en septembre un voyage d'exploration scientifique aux archives et aux bibliothèques des églises et des couvents d'Alsace. Nous reproduisons ici quelques passages de sa relation [1] qui ont trait à notre sujet : „Le 22… je passai ce „jour à visiter les beautés de la ville… Je commençai par les „bâtiments de la célèbre académie protestante. C'était autrefois „une maison de dominicains, dont les cellules sont presque „toutes conservées encore. L'église est très vaste ; la nef sert „au culte ; le chœur est converti en auditoire pour les actes „publics de l'académie. Au moment où je le visitais, un „candidat en droit y recevait la palme doctorale. Le péristyle, „ou ce que nous appelons ordinairement le cloître, existe „encore tout entier, et l'on y trouve les épitaphes de quelques „religieux de l'ordre de S. Dominique. On y remarque surtout „la tombe de Jean Tauler, célèbre docteur de la vie spirituelle, „qui est mort dans cette maison et dont le monument a toujours „été un objet de vénération. L'ancien dortoir des religieux, „encore séparé en cellules, sert d'habitation aux nouveaux „étudiants. La bibliothèque, riche en ouvrages rares dans toutes les branches de la science, est placée dans une salle très „vaste," etc. Le surlendemain, Ruinart assista, dans la tribune du Temple-Neuf, au service divin : „Le 24, dit-il, je me rendis „à la plus grande des églises protestantes, au *Temple-Neuf*, qui „avait jadis appartenu à l'ordre des dominicains. J'étais curieux „d'observer les rites de leur culte, et j'ai pu les observer

„parfaitement, étant placé dans un lieu élevé. L'église est „ornée de tableaux d'un talent remarquable, et un crucifix se „trouve sur l'autel. Les fidèles occupent tous leurs places „suivant l'âge et le sexe," etc. Suit une description très exacte de la célébration du service divin et de la Sainte-Cène, que nous ne pouvons, vu sa longueur, reproduire ici.

En 1699, l'autel, la chaire et les tribunes furent ornées de dorures ; on répara en même temps l'orgue. Celui-ci, trouvé insuffisant pour les vastes nefs de l'église, fut remplacé en 1702 par un instrument plus grand, construit pour la somme de 3000 livres par un facteur d'orgues, du nom de Le Gros, auquel la ville fournit en outre l'étain nécessaire et céda les pièces encore utilisables de l'ancien orgue [1]. En 1745, la sacristie fut établie sous la tribune, derrière l'autel. Deux ans après, le 27 juin 1747, les administrateurs de la paroisse conclurent un traité avec notre célèbre facteur d'orgues Jean-André Silbermann, et son frère Jean-Daniel, pour la construction d'un instrument encore plus considérable. Ce nouvel orgue, terminé au bout de dix-huit mois, se composait originairement de 44 registres, comprenant 2682 tuyaux, avec six soufflets, auxquels Silbermann ajouta encore en 1756 un 45ᵉ registre avec 94 tuyaux, pour lequel il avait ménagé une place dans le buffet, exécuté en chêne et orné de belles sculptures [2]. L'instrument coûta une somme totale de 9150 florins, sur lesquels l'Œuvre Notre-Dame en paya 2000 ; le reste fut couvert par des dons volon-

---

[1] *Voyage littéraire en Alsace, au dix-septième siècle, par Dom Ruinart, membre de la congrégation des Bénédictins de Saint-Maur. Traduit du latin par M. Jacques Matter, etc.* (Strasbourg, 1826).

[1] C'est l'orgue de Le Gros qui figure dans notre vue de l'intérieur du Temple-Neuf, de 1709 ; on voit que l'instrument était d'assez grande dimension.

[2] C'est ce même orgue de Silbermann qui a subsisté au Temple-Neuf jusqu'au 24 août 1870.

Vue intérieure du Temple-Neuf, au 18ᵉ siècle

taires des paroissiens. L'orgue de 1702 fut vendu à l'église catholique de Ribeauvillé pour 2500 livres. On restaura en même temps l'intérieur de l'église, qui n'avait plus été blanchie depuis 1681, c'est-à-dire qu'on en couvrit les murs d'une nouvelle couche de badigeon, ce qui était considéré à cette époque comme le comble de l'embellissement. Le travail, dont le devis était de 900 florins, fut exécuté gratis, en cinq semaines, par André Stahl, maître-maçon, homme sans enfants et possédant une belle fortune. On renouvela aussi la peinture et la dorure de l'autel, de la chaire, des tribunes, des tableaux, etc., ce qui causa une dépense de 1200 florins. L'orgue de Silbermann fut inauguré par un service solennel, accompagné de musique d'instruments, le 16 novembre 1749 ; les membres de la paroisse se distinguèrent de nouveau par leur libéralité en faveur de l'église : 2250 florins furent déposés sur les plateaux que tinrent aux portes, au service du matin, plusieurs personnages du Magistrat ; aux services de midi et du soir, la collecte fut de 273 florins ; enfin une souscription à domicile rapporta encore 2718 florins.

Le 8 février 1751, le Temple-Neuf reçut sous ses voûtes la dépouille mortelle de l'illustre Maurice de Saxe, maréchal-général de France, mort le 30 novembre 1750 au château de Chambord. Le vainqueur de Fontenoi ayant été protestant, ne pouvait recevoir dans la France catholique les honneurs funèbres ; Louis XV ordonna qu'il fût inhumé dans une des églises protestantes de Strasbourg. Le cercueil renfermant les restes du héros français arriva dans la ville le 7 février ; le lendemain, il fut transporté en grande cérémonie au Temple-Neuf et déposé sur un magnifique catafalque érigé devant l'autel. Après un service solennel, où le pasteur Jean-Michel Lorenz prononça l'oraison funèbre du défunt et son collègue,

Jean-Léonard Frœreisen, son panégyrique, le cercueil fut transféré dans une chapelle construite à cet effet dans l'angle nord-ouest du collatéral nord, où il resta déposé pendant plus de vingt-six ans, jusqu'à l'achèvement du monument que le roi faisait élever par Pigalle, dans le chœur de l'église Saint-Thomas. Le 20 août 1777 seulement, les restes mortels de Maurice de Saxe, escortés par une députation du Magistrat, furent retirés, à huit heures du matin, de la chapelle provisoire et placés dans une *chapelle ardente*, dressée dans le passage entre la nef et le chœur, où ils restèrent exposés jusqu'au soir, pour être ensuite transportés en cortège solennel à Saint-Thomas, et déposés définitivement dans le caveau établi au pied du monument de Pigalle. L'oraison funèbre y fut prononcée en français par Jean-Laurent Blessig, dont la réputation d'orateur chrétien date de ce jour même, et qui devint en 1781 pasteur au Temple-Neuf[1].

Le 18 janvier 1766 eut lieu, au Temple-Neuf, la cérémonie funèbre en mémoire du Dauphin de France, fils aîné de Louis XV et père de Louis XVI, mort le 20 décembre 1765. On y érigea à cette occasion un splendide catafalque reproduit par une gravure du temps et qui y fut érigé de nouveau, le 27 juin 1774, pour le service funèbre en l'honneur du roi Louis XV, dit le Bien-Aimé[2], mort à Versailles le 10 mai de cette année.

En 1784, le petit clocher en pierre du Temple-Neuf fut démoli, pour cause de vétusté. L'Œuvre Notre-Dame, à

[1] Nous parlerons dans la suite de cet homme éminent, dont notre planche XV représente le monument, érigé en 1819 au Temple-Neuf, où il a survécu au désastre de 1870.

[2] En 1744, quand il fut à Strasbourg, il a été en effet bien *cher* pour nos pères.

laquelle incombait l'entretien du bâtiment de l'église, devait le remplacer par un nouveau; mais, par suite, sans doute, de la pénurie d'argent où elle se trouvait, elle ne fit construire qu'un clocher en charpente, couvert de bois qui fut revêtu de fer-blanc peint couleur de cuivre. On y replaça la vieille cloche de 1365, qui subsista jusqu'à la Révolution.

VII

LE TEMPLE-NEUF SOUS LA TERREUR

Le Temple-Neuf, fermé au culte, deux fois déjà, en 1531 et 1561, le fut une troisième fois, quand la tourmente révolutionnaire vint saper dans ses fondements l'Église chrétienne elle-même. Le 28 vendémiaire an II de la République (19 octobre 1793) la Commission municipale de Strasbourg prit l'arrêté suivant, ordonnant la fermeture de toutes les églises[1] :

„Vû la Délibération de la Commission provisoire du dé-„partement du Bas-Rhin, du jour d'hier, par laquelle la-dite „Commission considérant que la veille la majorité du peuple „de Strasbourg a solennellement et librement émis son vœu „pour ne plus reconnoître et vouloir d'autre culte que celui de „la Raison, et d'autre temple que celui qui lui est consacré; „et que laisser exister dans cette cité d'autre culte public que „celui de la Raison seroit vouloir asservir un peuple libre sous „le despotisme le plus monstrueux, celui du fanatisme ; con-„sidérant en outre, qu'il existe encore différens temples dans „cette commune, dans lesquels des sectaires des différens „cultes se rendent pour y écouter la doctrine impure et men-„songère de prêtres imposteurs et de ministres fourbes; que „tolérer plus longtems des abus aussi criminels et aussi préju-„diciables au triomphe de la liberté assise sur la base fonda-„mentale de la Raison, seroit se rendre complice de nouveaux „attentats portés à la liberté d'un peuple régénéré, a arrêté, „que la municipalité de cette ville sera invitée de faire clore „tous les temples de cette commune, hormis celui consacré à la „Raison, et de disposer de ces bâtiments pour le service de la „République. Ouï le Procureur de la commune, la Commission „a ordonné la communication de la Délibération ci-dessus à „l'administrateur de la Police et à celui des travaux publics, „en chargeant le premier de faire clore incessamment les „Églises, Temples, Synagogues et autres lieux destinés à un „culte public dans cette ville, à l'exception du temple de la

[1] Nous croyons devoir citer la teneur de cet arrêté, qui ne fut pas rendu public par voie d'impression et d'affichage ; il a été reproduit par M. Holtz dans son histoire de l'église Saint-Thomas (*Die St. Thomas-Kirche in Strassburg*), publiée en 1841.

„Raison; et en invitant le second à disposer de ces bâtiments „pour le service public selon que les circonstances l'exigeront," etc.

En vertu de cet arrêté, le Temple-Neuf dut être immédiatement évacué par la paroisse et fut transformé en magasin à blé; on y entassa des monceaux de gerbes qu'on fit battre pendant l'hiver dans le cloître. Plus tard l'église servit d'étable pour des porcs, auxquels un boucher venait jeter leur nourriture du haut de la chaire. Le 7 novembre 1793, les administrateurs du Temple-Neuf reçurent du maire jacobin, Monet, la sommation suivante, dont nous conservons l'orthographe textuelle :

Strasbourg, le 17 Brumaire 2ᵉ année de la Rép.
une et indivisible.

„Citoyens,

„L'argent et l'or que les Monarchies entraînent à leur suite „à travers les bourbiers et la fange, sont méconnus dans les „républiques. Elles seraient avilies par ces signes de la cor-„ruption et de l'esclavage et n'ont besoin que de fer pour „immoler les tirans. La Religion même, qui est l'amie de la „simplicité, ne saurait admettre d'autre métal dans les céré-„monies.

„Je vous invite à apporter dans les vingt-quatre heures à „la maison commune tous les effets et vases précieux qui se „trouvent dans votre église, pour les consacrer aux besoins de „l'état. Vous les remplacerez par d'autres qui auront coûté „moins de peine aux faibles, moins de crimes aux ambitieux et „aux prêtres, et sur lesquelles l'Etre suprême appaisera „(abaissera) plutôt un regard de complaisance.

„P. F. Monet, maire."

A la suite de cette réquisition, les vases sacrés et autres objets en argent ou en vermeil, servant au baptême et à la communion, furent livrés à la municipalité; leur poids total était de 109 marcs 4 onces, ce qui, à 42 francs le marc, représentait une valeur de plus de 4600 francs. La paroisse, exclue de son église, avait continué à se réunir pour le service divin, soit à l'Auditoire, soit à l'hospice des Orphelins; mais le 21 novembre (1ᵉʳ frimaire) l'exercice de tout culte fut interdit, les citoyens ne devant plus en suivre d'autre que celui de la *Raison*, établi dans la Cathédrale. Bientôt après, Monet imposa aux ecclésiastiques l'obligation „d'abjurer l'imposture" et de déclarer publiquement „que jusque-là ils avaient sciemment trompé le „peuple"; ceux qui refusèrent de se soumettre à cette rétractation se virent condamnés au bannissement hors du département ou à la détention. Du nombre de ces derniers furent Blessig et Haffner qui restèrent enfermés pendant seize mois au grand séminaire épiscopal, transformé en prison pour les suspects. Pendant ce temps, le Temple-Neuf fut livré au pillage : la cloche de 1365 fut mise en pièces et envoyée à la fonderie de l'arsenal, de même que les beaux lustres en cuivre appendus aux voûtes des grandes nefs[1]; l'autel et la chaire furent dépouillés de leurs ornements; tout le reste du mobilier, les bancs, la longue tribune du collatéral sud, etc., démolis, comme „restes de l'ancien fanatisme", et leurs débris dispersés aux quatre vents; l'orgue de Silbermann échappa seul, on ne sait par quel miracle, à la dévastation générale.

Le régime de la Terreur dura jusqu'au printemps de 1795; le 21 février de cette année (3 ventôse an III), la Convention nationale autorisa de nouveau l'exercice public de la religion

---

[1] Ils sont figurés dans la vue intérieure de 1700, pl. XII.

chrétienne. Dès le 8 mars suivant (18 ventôse), la paroisse du Temple-Neuf reçut la permission de se réunir pour la célébration du culte; mais, vu l'état déplorable dans lequel se trouvait l'église, on débarrassa à la hâte l'Auditoire des meubles qui y avaient été entassés après avoir été confisqués sur des familles d'émigrés, et le surlendemain, 10 mars (20 ventôse), le premier service divin y eut lieu par le ministère de Blessig. Conformément à la loi sur l'observation du calendrier républicain, le service principal des dimanches (*Amtpredigt*) dut être tenu les jours du *décadi* (dixième jour de la semaine républicaine); mais dès le 17 avril suivant (28 germinal), les trois services du dimanche, ainsi que ceux de la semaine, furent rétablis comme par le passé. Après que le Temple-Neuf eut été nettoyé et remis en bon état, le culte y fut de nouveau célébré à partir du mois de juin 1795 (prairial an III). En 1798 et 1799, l'autorité essaya, à plusieurs reprises, de faire supprimer les services des dimanches, au profit de ceux des décadis, qui étaient peu suivis; mais le conseil de l'église refusa constamment d'y consentir, en se prévalant de la loi qui garantissait aux citoyens le libre exercice de leur culte.

La paroisse du Temple-Neuf avait perdu, dans ces années de troubles, une partie de son patrimoine, notamment les fonds placés au *Pfenningthurm*[1] et qui, remboursés en assignats, constituèrent, après la dépréciation du papier-monnaie, une perte réelle de 24,000 francs de capital. Les administrateurs, Blessig en tête, firent tous leurs efforts pour sauver ce qui restait de la fortune de l'église.

[1] Cette antique « tour aux deniers », où était conservé le trésor de l'ancienne république strasbourgeoise, s'élevait à l'entrée de la place Kléber, vers la rue de la Mésange. Elle avait été construite en 1321 (ou 1331) et fut démolie en 1743. pour cause de vétusté, jusqu'au porche, qui lui-même disparut vers 1785.

VIII

LE TEMPLE-NEUF DE 1802 A 1870

La loi du 18 germinal an X (8 avril 1802), sur la réorganisation des cultes, fit du Temple-Neuf le siège d'un Consistoire. La même année encore, on y rétablit la longue tribune faisant face à la chaire et la cloche détruite en 1793 fut remplacée par une nouvelle, fournie aux frais des paroissiens; elle pesait 320 kilos et portait l'inscription suivante, dictée par Blessig : *Pacem Reipublicæ et Cultui sacro redditam tremulus hic interpres Nepotibus Christicolis mandet. Mense Majo Anno*

Chœur du Temple-Neuf

(Dessiné par M. ALFRED TOUCHEMOLIN, en 1852)

Christi 1802[1]. Le pieux et éloquent prédicateur que nous venons de nommer, Jean-Laurent Blessig, mourut le 17 février 1816, après avoir occupé pendant trente-cinq ans (depuis 1781) la chaire illustrée par Tauler. La reconnaissance de sa paroisse lui éleva dans l'enceinte de l'église le beau monument, figuré sur notre planche XV et qui fut inauguré le 7 novembre 1819; nous en reparlerons ultérieurement.

Pendant l'été de 1824, le conseil presbytéral fit reblanchir et repeindre l'intérieur du Temple-Neuf; ce fut à cette occasion que le fils de l'architecte chargé du travail, M. Auguste Arnold, également architecte, eut, au mois d'août, la bonne fortune de découvrir, sous les couches multiples d'un badigeon trois fois séculaire, qui s'était écaillé en beaucoup d'endroits, les restes de la *Danse des Morts*, ainsi que d'autres fresques qui couvraient presque tous les murs, mais qui étaient trop dégradés pour pouvoir être conservées. Un mois après cette découverte archéologique, le Temple-Neuf était entièrement tendu de noir pour les obsèques de Louis XVIII, mort le 16 septembre 1824; on érigea devant l'autel un magnifique catafalque en forme de chapelle gothique[2]; le service solennel, auquel assistèrent toutes les autorités civiles et militaires, fut célébré le mardi 28 septembre, par le pasteur J. J. Beck, qui prononça en français une oraison funèbre, après laquelle un corps de musique exécuta une composition instrumentale de M. Kern, secrétaire du Directoire. L'année 1825 mérite une mention spéciale dans les annales du Temple-Neuf, par la

publication de la monographie, déjà plusieurs fois citée, de M. le pasteur Edel, qui a été une des sources principales de notre travail.

En 1832 et 1835, le Temple-Neuf reçut les monuments commémoratifs de deux autres membres éminents de la paroisse : celui du baron Bernard-Frédéric de Türckheim, président du Consistoire général de la Confession d'Augsbourg, maire de Strasbourg, né le 3 novembre 1752, mort le 10 juillet 1831, et celui de François-Henri Redslob, pasteur au Temple-Neuf, professeur de théologie, né le 25 mai 1770, mort le 23 novembre 1834. En 1835 eut lieu l'installation de la Bibliothèque de la Ville dans l'ancien chœur des Dominicains, aménagé à cet effet en deux étages sur rez-de-chaussée[1]. La porte d'entrée, pratiquée sous la grande fenêtre orientale du chevet s'ouvrait sur un vestibule qui, ainsi que la grande salle à sa suite, reçut les collections d'antiquités léguées à la Ville par Schœpflin et Silbermann. Au-dessus du vestibule se trouvait la salle de lecture; et les deux étages, dont le second s'élevait jusqu'aux voûtes du chœur, abritèrent le trésor scientifique de Strasbourg, formé au commencement du siècle par la réunion de la bibliothèque de Schœpflin et de celles des anciens couvents supprimés[2]. Composée en dernier lieu de plus de 200,000 volumes, elle était, après la bibliothèque nationale de Paris, la plus riche de France.

---

[1] « Que ce tremblant interprète annonce à nos descendants chrétiens la paix rendue à l'État et au culte divin. Au mois de mai de l'an du Christ 1802. »

[2] Cette décoration funèbre, dont l'auteur fut l'architecte Arnold, se trouve lithographiée sur une planche in-folio de l'ouvrage de M. Edel.

[1] Voy. la planche II, et la planche XIII. Cette jolie vue, si pittoresque et d'un caractère local si prononcé, est due à M. Alfred Touchemolin, qui l'a dessinée spécialement pour notre travail, d'après des croquis qu'il a pris en 1858.

[2] La bibliothèque de l'ancienne Université, attribuée au Séminaire de Saint-Thomas, occupait la grande salle située au-dessus de l'Auditoire. L'administration commune des deux collections fut supprimée à partir du 17 octobre 1863.

Le 13 août 1838 eut lieu au Temple-Neuf, en présence de toutes les autorités et de 3000 auditeurs, un service solennel à l'occasion du troisième centenaire de la fondation du Gymnase protestant (1538), fête qui fut continuée le lendemain dans l'établissement même. Une cérémonie analogue fut aussi célébrée dans l'église le 24 juin 1840, jour de l'inauguration de la statue de Gutenberg. En 1850, on construisit à l'extrémité orientale du bas-côté sud, sous la grande tribune, un oratoire de style ogival.

Dix ans après éclata le terrible incendie du Gymnase qui faillit aussi devenir fatal au Temple-Neuf. A cette époque, l'aile occidentale de l'ancien couvent des Dominicains était occupée par deux locataires; la partie attenante à l'église, où se trouvait l'entrée du cloître, par M. Kieffer, relieur; l'autre, la plus grande, par M. E. Piton, libraire[1]. Ce dernier avait en même temps établi dans le cloître un étalage de livres anciens et d'occasion : c'était là, dans notre vénérable et mystérieux *Collaïm*[2], que, dans le jeune âge, nous allions, au sortir des classes, *bouquiner* chaque jour, inconscient de la valeur des raretés bibliographiques, voire des *alsatiques* „uniques“, que nous avons peut-être plus d'une fois tenus dans nos mains; c'est à ce „quai Voltaire“ strasbourgeois que nous avons puisé l'amour des vieux livres — le seul qui n'ait pas de désillusions — et qui nous est resté !... Ce fut dans les combles de la maison Piton que, le vendredi 29 juin 1860, le feu se déclara, à 2 heures et demie de l'après-midi; trois heures après, il ne restait de l'enclos occupé par le collège de Saint-Guillaume et en partie par le Gymnase, que des murs calcinés[1]. Les 50 étudiants qui habitaient les cellules de l'ancien dortoir des moines perdirent tous leurs effets; du Collège, on ne put sauver que la bibliothèque et l'orgue de cabinet construit par André Silbermann en 1712; le Gymnase perdit ses collections d'histoire naturelle, de dessins et de musique, établies dans les salles au-dessus du cloître, mais sa bibliothèque et ses archives purent être mises à l'abri, de même qu'une partie des livres de M. Piton[2]. Quant au Temple-Neuf, dont la toiture avait été plusieurs fois attaquée par les flammes, il put être heureusement préservé, ainsi que la Bibliothèque publique. Qui aurait pensé alors que, dix ans plus tard, l'un et l'autre périraient dans une catastrophe bien plus terrible encore, où toute tentative de secours même serait vaine, ou plutôt, impossible ?...

Lors de la reconstruction du Gymnase, qui fut inauguré le 10 août 1865, on supprima la maisonnette bâtie dans l'angle que le couvent formait avec la façade de l'église, et l'on perça dans celle-ci une nouvelle fenêtre destinée à donner du jour au collatéral nord.

Avant de terminer cette dernière partie de l'histoire, ou plutôt de la chronique du Temple-Neuf, il nous reste à rappeler la belle série de concerts spirituels qui furent donnés sous ses

---

[1] Voir notre planche III.
[2] Ce mot du patois strasbourgeois vient du latin *collegium*.

[1] Voir: Weissandt, *Souvenir des ravages exercés par l'incendie du 29 juin 1860 sur les bâtiments du Collège de Saint-Guillaume et du Gymnase protestant à Strasbourg*, etc. Neuf planches in-folio lithographiées, avec une feuille de texte par Boegner.
[2] Parmi les livres détruits chez ce libraire se trouvaient 200 exemplaires du bel ouvrage de Fréd. Piton: *Strasbourg illustré*. — Rappelons à ce propos que M. Piton père fut sauvé de sa maison en flammes par le dévouement du trompette d'artillerie Depuyper et du caporal-pompier Dürrbach. (*Courrier du Bas-Rhin* du 30 juin 1860 et suivants.)

voûtes dans les 27 dernières années de son existence[1]. En 1842, „l'Académie de chant" exécuta, au bénéfice des incendiés de Hambourg, la *Création*, de Haydn. De 1854 à 1869, la „Société de chant sacré" fit entendre les œuvres suivantes : en 1852, *Élie*, de Mendelssohn; en 1854, *Saint-Paul*, du même; en 1856, le *Messie*, de Hændel; en 1857, *Élie*; en 1863, au bénéfice des ouvriers sans travail, le *Psaume 95*, de Mendelssohn, le *Psaume 137*, de Nessler, avec un concert d'orgue par Théophile Stern; en 1864, le *Requiem*, de Mozart, le *Psaume 126*, de Nessler, et le *Lobgesang*, de Mendelssohn; en 1865, au bénéfice des incendiés du Marais Kageneck, *Jephthé*, de Hændel, et le *Lobgesang*; en 1866, *Athalie* et le *Psaume 42*, de Mendelssohn, et une cantate de Bach; en 1868, le *Messie*; enfin, en 1869, la *Création*, exécutée d'abord en 1842, fit retentir pour la dernière fois les vénérables voûtes du sanctuaire voué, un an après, à la destruction...

[1] Depuis la fin du dix-septième siècle jusqu'à la Révolution, le Temple-Neuf eut, comme presque toutes les églises de Strasbourg, un orchestre qui exécutait des morceaux de musique instrumentale ou d'accompagnement de l'orgue, aux services principaux des dimanches et jours de fête. Voici les instruments que possédait l'église: 6 violons, 2 altos, 2 violoncelles, 1 contrebasse, 1 flûte, 1 hautbois, 2 cromornes (*Krumhœrner*) ou tournebouts, 1 basson, 2 cors, 2 trompettes et 2 timbales. Sauf ces dernières, et la contrebasse qui fut vendue, tous ces instruments se perdirent pendant la Terreur.

IX

LA NUIT DU 24 AOUT 1870

.... Le 21 août, la paroisse du Temple-Neuf célébrait son dernier culte, aux sons majestueux de l'orgue de Silbermann, et le mardi, 23, elle se réunissait pour la dernière fois, pour le service de la semaine, à l'Oratoire : ce jour-là, la petite cloche, nommée en 1802 un „messager de paix", avait sonné le glas funèbre de la vieille église des Frères-prêcheurs !.. Mais ici nous laissons la parole à celui de nos concitoyens à qui échut, à cette époque terrible, la douloureuse mission d'enregistrer jour par jour les catastrophes qui se succédaient sans relâche dans Strasbourg assiégé :

„La nuit du 24 août... ah ! ce n'est pas sans frémissement „que nous y reportons nos souvenirs, et l'on est en droit de „dire que l'homme ne peut subir de tortures plus horribles que „celles qu'une population de quatre-vingt mille âmes endura „pendant cette nuit. Quels désastres ! quelles ruines ! quel deuil !

„Le bombardement commença un peu après huit heures... A „dix heures on entendit tout à coup, entre le fracas des obus, „le cri: Au feu! au feu! poussé par les gardiens de la tour de „la Cathédrale. Au feu ! Temple-Neuf ! puis, un peu plus tard : „Au feu ! rue du Dôme ! une demi-heure après: Au feu !

„Broglie! puis encore: Au feu! rue de la Mésange! Au feu!
„place Kléber!... Que de trésors perdus dans ces quelques
„heures! Le Musée de peinture, l'église du Temple-Neuf, la
„Bibliothèque de la Ville... n'étaient plus que des ruines
(pl. XIV).

„La Bibliothèque —, le monde entier doit pleurer sa des-
„truction... Il est resté de tous ces joyaux un peu de poussière
„et quelques feuillets de parchemin noirci dont le vent dispersa
„les débris... Le Temple-Neuf —, la plus vaste église protes-
„tante, une des plus vieilles églises de la ville, — élevé en
„1260 par les Frères dominicains, orné de beaux monuments
„funéraires, décoré d'une *Danse des Morts*... possédant un

„orgue célèbre exécuté par le fameux André Silbermann... ; le
„Temple-Neuf fut dévasté par le feu du faîte jusqu'au sol, et il
„n'en resta debout que quatre murs chancelants[1]. "

Telle fut, après 610 ans d'existence, la fin de la vénérable
église des Dominicains de Strasbourg... Consacrée en 1260 à
l'apôtre saint Barthélemy, elle périt, par une coïncidence
fatale, le jour de la fête de son patron, dont le nom devint, ce
jour-là, pour la seconde fois dans l'histoire, le synonyme d'une
catastrophe!..

[1] *Le siège et le bombardement de Strasbourg*, par Gustave Fischbach.
(Strasbourg, 1871, 5e édition.)

<hr>

X

LES ÉPAVES DU TEMPLE-NEUF

Avant d'aborder l'histoire et la description de la nouvelle
église qui a remplacé *notre* Temple-Neuf, nous voulons énu-
mérer sous une rubrique commune, trop justifiée malheureusement! les rares monuments et autres débris restant de l'ancien
édifice. Ce sont les suivants :

1° La *première pierre* de l'église des Dominicains, posée par
l'évêque Henri de Stahleck, le 26 juin 1254[1]. Cette pierre, qui
n'a que 30 centimètres de hauteur, 16 centimètres de largeur
et 9 centimètres d'épaisseur, porte sur sa face antérieure

[1] Cette pierre a été retrouvée en décembre 1873, lors du déblai des
ruines, par M. Salomon, sur l'indication précise, fournie par la chronique de
Godefroy d'Ensmingen, dans le passage dont nous donnons ici la traduction:
« L'an du Seigneur 1254, le 4 des calendes de juin (29 mai) fut commencé
« le premier creusement des fondations de l'église des frères prêcheurs.
« Puis le 26 des calendes de juillet (26 juin) fut posée la première pierre
« par le seigneur Henri, évêque de Staleke, derrière le maître-autel, entre
« l'angle de droite et le mur, à environ huit pieds sous terre, et le nom de
« l'évêque est écrit sur ladite pierre. Et le 4 des calendes de juillet (28 juin)
« a été commencé le mur. »

Vue intérieure du Temple-Neuf, après le bombardement

la figure, sculptée en creux, de l'agneau de Dieu tenant, au lieu de la bannière triomphale, une croix dont les trois branches se terminent en fleurons. Au-dessus se trouve l'inscription suivante, taillée en beaux caractères majuscules gothiques, sur deux lignes :

HENRI

C'EPC ARG.

(*Henricus episcopus Argentinensis.*)

Sur la face postérieure est gravée une croix, dont les quatre extrémités sont également fleuronnées. La pierre est aujourd'hui conservée chez M. Salomon, architecte [1].

2° La *pierre tombale de Tauler*, sur laquelle se trouve gravée en creux, en grandeur naturelle, la figure du célèbre prédicateur, tenant dans la main gauche un livre avec l'*Agnus Dei*, qu'il désigne de la main droite. Au-dessus de sa tête on lit en mots abrégés : *In Jesu Christo*, et sur sa poitrine, sous une couronne, le monogramme : JHS. T. (*Johannes Tauler*). Autour du bord de la pierre court l'inscription latine relatant la mort de Tauler, le 16 juin 1361 [2]. Cette dalle funéraire, encore bien conservée, était primitivement placée dans l'aile orientale du cloître; elle fut transférée de là, vers 1750, dans le grand Auditoire, d'où, vers la fin de l'année 1824, le Consistoire la fit transporter à l'extrémité occidentale du collatéral sud, à côté du monument Blessig. Aujourd'hui elle est encastrée entre

les deux premières fenêtres vers l'ouest, dans le bas-côté nord de la nouvelle église.

3° La *pierre tombale d'Ortwin*, avec la statue en haut-relief de l'évêque suffragant, revêtu de ses habits sacerdotaux et les pieds posés sur un lion, et avec une inscription latine rappelant sa mort, en 1514 [1]. Cette dalle, de dimensions colossales, occupait primitivement la belle niche de style flamboyant, figurée sur notre ancienne vue du monument Blessig, et qui existait à l'extrémité ouest du collatéral sud; elle y était appliquée horizontalement et portée sur le devant par deux colonnes basses [2]; le fond de la niche, au-dessus de la statue couchée, était décoré de peintures murales où figurait également Jean Ortwin agenouillé. Ce monument, assez abîmé, paraît en avoir été enlevé en 1681 et fut transporté plus tard dans l'angle nord-ouest du collatéral nord. Depuis l'achèvement de la nouvelle église, il se trouve muré dans le vestibule de l'Oratoire, à gauche de la porte du bas-côté méridional.

4° La *pierre tombale de Louis Sturm*, chevalier, de Strasbourg, et de sa femme, Anna d'Endingen, avec les écussons des deux familles et une inscription latine, mais sans date [3]. Ce monument, autrefois placé dans le collatéral nord, est aujourd'hui muré dans le vestibule de l'Oratoire, à droite de la porte d'entrée.

---

[1] Elle a été reproduite en photogravure en tête d'une notice de M. le chanoine Straub, intitulée : *La première pierre de l'ancienne église des Dominicains, autrement appelée Temple-Neuf*, publiée dans le *Bulletin des monuments historiques*, IIe série, tom. IX, et dans un tirage à part (Strasbourg, 1875).

[2] Voy. à l'appendice : *Inscriptions*.

[1] Voy. à l'appendice : *Inscriptions*.

[2] Deux monuments funéraires semblables existent encore à Strasbourg : celui de l'évêque Conrad III, de Lichtenberg, œuvre d'Erwin, dans la chapelle Saint-Jean-Baptiste de la Cathédrale, et celui des deux comtes Ulric et Philippe de Werd, landgraves d'Alsace, dans l'église Saint-Guillaume.

[3] Une pierre commémorative de Louis Sturm et d'Anna d'Endingen, posée encore du vivant de celle-ci, se trouve dans le cloître de l'église Saint-Pierre-le-Jeune; elle porte la date de 1516. — Voy. à l'appendice : *Inscriptions*.

5° Le *monument Blessig*, œuvre du célèbre sculpteur Ohmacht, érigé en 1819 dans la niche du tombeau d'Ortwin. (pl. XV). Le socle en grès des Vosges porte, sous un pignon en arcature ogivale, un médaillon en marbre blanc, représentant le profil de l'éloquent prédicateur, avec l'inscription au dessous: *Johann Lorentz Blessig unserem des gœttlichen Meisters würdigen Lehrer* [1]. Le piédestal est surmonté d'un groupe également en pierre [2], représentant Jésus-Christ assis, la main droite étendue vers deux enfants, dont l'un est sur les genoux du Seigneur et l'autre se tient debout devant lui. Ce beau monument, fortement noirci par la suie dans le sinistre nuit du 24 août 1870, fut, lors de la démolition des ruines, mis à l'abri à l'église Saint-Thomas; depuis 1877, il a repris dans la nouvelle église la place qu'il occupait dans l'ancien Temple-Neuf.

6° Le *monument de Türckheim*, buste en marbre blanc, portant une trace de l'incendie de 1870, sur un piédestal de grès rouge, fut érigé en 1832 dans le collatéral nord. Pendant le siège, il fut, ainsi que le suivant, mis à l'abri dans les caves du Gymnase; aujourd'hui il se trouve à gauche du monument Blessig, où il fait face à celui de Tauler.

7° Le *monument Redslob*, composé d'un piédestal surmonté d'une arcade à pignon sur colonnes, de style roman, sous laquelle est placé le buste en marbre du digne successeur de Blessig. Autrefois placé à côté du monument de ce dernier, il en forme aujourd'hui le pendant à l'extrémité occidentale du

[1] *A Jean-Laurent Blessig, votre précepteur digne du divin Maître.*

[2] Ce groupe était primitivement peint en blanc, en imitation de l'albâtre. Cette hérésie artistique, inconcevable chez un sculpteur aussi classique que l'était Ohmacht, n'existe plus ; le nettoyage du groupe, après l'incendie, a heureusement eu raison de ce dernier témoignage de « l'amour du badigeon ».

bas-côté nord. Les deux bustes de Türckheim et de Redslob sont l'œuvre du sculpteur Kirstein, fils du célèbre orfèvre-ciseleur de Strasbourg.

8° Le *tympan de la porte* située en face de la rue des Orfèvres, formant une pierre rectangulaire de 2^m,88 sur 1^m,24, de 0^m,20 d'épaisseur, et orné d'une riche rosace du style ogival secondaire (14e siècle), a été recueilli, lors de la démolition, par M. Charles Oesinger, qui le conserve avec soin dans sa propriété de Klingenthal.

9° *Restes de la Danse des Morts*: deux têtes ayant fait partie du premier tableau (la prédication du Dominicain); bien que fortement abîmées, M. Salomon a réussi à les détacher du mur en ruines et les conserve précieusement chez lui.

10° Quelques *pots acoustiques*, retirés par M. Salomon des murs du chœur, se trouvent dans sa collection d'antiquités locales et dans celle de M. le chanoine Straub.

11° Un *vitrail* de l'une des fenêtres du chœur, œuvre du peintre-verrier Linck, de 1622, d'environ 80 centimètres de haut et de 50 centimètres de large. Il représente, dans un encadrement Renaissance, l'Annonciation, avec la figure, à mi-corps, du donateur, le comte Paul d'Aldringen, évêque de Tripoli et suffragant de Strasbourg. Ce panneau, bien conservé, malgré quelques fentes, et remarquable par son beau coloris, a échappé au sinistre du 24 août, parce qu'il avait été obtenu, deux jours avant, par feu M. le baron P. R. de Schauenburg qui voulait en faire une copie. Depuis lors, le vitrail a été restitué à la Bibliothèque de la Ville.

12° Le *coq* en fer-blanc, posé en 1784 sur le clocher, a été recueilli — noirci et privé de ses pattes et de son bec — sur les décombres encore fumants du Temple-Neuf, par M. Erhard-Friesé, qui lui donne une généreuse hospitalité.

Le monument de Blessig, jusqu'en 1870

13° *L'arcade en style flamboyant* du tombeau d'Ortwin. Depuis l'achèvement des travaux exécutés de 1887 à 1888 pour dégager le chœur de l'église Saint-Thomas, elle a été encastrée dans le mur oriental du transept sud de cette église.

14° *Neuf arceaux du cloître* des Dominicains, demeurés intacts dans l'incendie du 29 juin 1860, ont été employés par M. Salomon, chargé des travaux en question, pour établir une double rangée formant clôture entre le chœur de Saint-Thomas et le jardin du Séminaire protestant. Tous les Strasbourgeois du temps jadis savent gré à l'éminent architecte d'avoir ainsi ressuscité ces restes du vieux *Collaïm*, auquel se rattachent pour eux tant de souvenirs!

15° *Une clef de voûte* du Temple-Neuf, représentant une tête barbue entourée d'un feuillage qui porte encore des traces de dorure; elle est conservée au musée de la Société des monuments historiques d'Alsace.

Telles sont, à notre connaissance, les uniques épaves de l'ancien Temple-Neuf.

XI

LE NOUVEAU TEMPLE-NEUF

La communauté du Temple-Neuf, privée de son église, se réunit pendant le siège, dans une des salles du Gymnase. A partir du 10 décembre 1870 jusqu'au 4 octobre 1877, elle fit usage de l'église Saint-Pierre-le-Vieux, que le Consistoire de cette paroisse avait mise libéralement à sa disposition. Dès le mois d'avril 1871, le Consistoire du Temple-Neuf, après avoir reçu du gouvernement l'assurance d'une indemnité, fixée ultérieurement à la somme de 800,000 francs, prit sans retard toutes les mesures pour la reconstruction de l'église détruite. M. Salomon, architecte, fut chargé de rédiger le programme du concours pour le nouvel édifice qui devait être construit sur le plan des basiliques chrétiennes du cinquième siècle et dans le style roman secondaire. Trois primes, de 5000, 3000 et 1000 fr., devaient être décernées aux trois projets reconnus les meilleurs par le jury. Celui-ci fut composé de trois architectes renommés, choisis en dehors de l'Alsace : MM. Bœswillwald (de Strasbourg), inspecteur général des monuments historiques de France; Semper, architecte du palais impérial, à Vienne, et Questel, architecte du palais de Versailles, membre de l'Institut, auxquels furent adjoints quatre membres du Consistoire, élus au scrutin : MM. Leblois, président, Jules Sengenwald, Flach et Imlin.

Trente-cinq artistes prirent part au concours qui fut clos le 31 janvier 1872; les projets présentés par eux, après avoir été exposés en public, pendant plusieurs jours, à l'Hôtel-de-Ville, furent soumis du 23 au 25 février à l'examen du jury. Celui-ci décida qu'il n'y avait pas lieu de décerner le premier prix à l'un ou l'autre des projets, mais il en retint cinq, entre lesquels il répartit le montant total des primes suivantes : une de 3000 fr., une de 2000 fr. et trois de 1000 fr. Les auteurs des projets primés étaient : 1° MM. Bernard Motte et Tournade, de Paris ; 2° M. Stanislas Beau, de Paris ; 3° MM. Laurent Farge et Eugène Saintier, de Paris ; 4° M. Émile Salomon, de Strasbourg ; 5° M. Édouard Rœderer, de Strasbourg. Le premier projet, désigné pour être exécuté, fut envoyé sans retard à ses auteurs, pour recevoir les modifications reconnues nécessaires ; mais au bout de quatre mois, les lauréats le renvoyèrent à Strasbourg, en déclarant que d'autres travaux ne leur permettaient plus de s'en occuper. Le Consistoire chargea alors M. Salomon de dresser un projet définitif sur les bases et les données d'ensemble du premier projet couronné. Notre architecte strasbourgeois présenta, en janvier 1873, ses plans et devis, qui furent agréés. L'entreprise des travaux ayant été adjugée à M. Aug. Schlagdenhauffen, les démolitions et fouilles commencèrent dans l'été ; la nature du sol, composé de différentes couches de décombres superposées, obligea de creuser les fondements, au lieu de 6 mètres, à 8 et même à 10 mètres. Le 23 mai 1874 eut lieu la pose de la pierre fondamentale et, trois ans et demi après, l'église, sauf le clocher proprement dit, était achevée et aménagée pour pouvoir être livrée au culte. L'inauguration solennelle en fut célébrée le jeudi, 4 octobre 1877 [1].

La dépense totale, jusqu'en 1880, a été, en chiffres ronds, de 1,083,200 fr. Il y a été pourvu par les ressources suivantes :

800,000 fr., montant de l'indemnité pour le Temple-Neuf ; 60,000 fr., produits par le placement de l'indemnité ; 40,000 fr. versés par la caisse de l'Église comme part de l'emprunt de 250,000 fr. contracté pour la construction d'une maison sur l'emplacement de l'ancien presbytère incendié ; 75,900 fr., produit de la souscription ouverte pour l'achèvement de l'édifice ; 12,000 fr., legs de Mme veuve Feyhl ; le reste a été couvert par des prélèvements sur les capitaux et revenus de la fortune patrimoniale du Temple-Neuf. Voici encore les sommes afférentes aux principales parties de la construction, chiffres ronds : maçonnerie, 762,000 fr. ; charpenterie, 52,000 fr., ferronnerie et serrurerie, 26,400 fr. ; menuiserie, 21,900 fr., vitrerie, 13,000 fr. ; peinture, 10,200 fr. ; sculpture, 22,800 fr. ; chaire et autel, 12,700 fr. ; orgues, 63,500 fr. ; première cloche, 1423,60 fr., etc. [1].

Le nouveau Temple-Neuf, construit tout en pierres de taille, de grès des Vosges, représente une basilique de l'Église chrétienne primitive, caractérisée surtout à l'intérieur par un plafond à trois plans, reposant sur une charpente apparente à solives ornementées ; cette disposition est jugée plus favorable qu'une voûte sonore, pour l'acoustique. L'intérieur forme une large nef unique, accompagnée de deux bas-côtés à peu près de même hauteur ; ceux-ci forment chacun cinq travées subdivisées en deux arcades qui supportent les tribunes, dont les escaliers sont établis dans les quatre angles de l'édifice. Les travées sont éclairées, au rez-de-chaussée, par de petites fenêtres, et à l'étage par de hautes baies trigéminées ; au milieu de la face latérale du sud s'ouvre un double portail. Au mur

---

[1] Voy. *Einweihung der Neuen Kirche zu Strassburg*, etc. (Strasbourg, 1877.)

[1] Nous empruntons ces données aux deux rapports présentés par M. Jules Sengenwald au Consistoire, les 29 novembre 1875 et 18 avril 1880.

oriental de la nef est adossée la chaire, à double escalier, surmontée d'un abat-voix en forme de dôme avec tourelle. Devant la chaire se trouve l'autel, dont le massif est entouré de colonnettes. Ces deux chefs-d'œuvre de sculpture, dûs au ciseau de notre célèbre concitoyen M. Dock, sont exécutés en belle pierre calcaire blanchâtre avec le poli du plus beau marbre[1]. Derrière le mur du fond se trouve l'oratoire, précédé au midi d'un vestibule donnant sur la rue, et flanqué, au nord, de la sacristie. Au-dessus de l'oratoire est située la salle de réunion du Consistoire. A l'entrée de la nef, sur un avant-corps qui fait suite à la porte principale, s'élève le buffet d'orgue, en chêne, exécuté, d'après les dessins de M. Salomon, par MM. Dock et Blumer. L'instrument lui-même, sorti des ateliers de M. Merklin, de Lyon, est de premier ordre, quant à la disposition et à la variété des jeux; il a trois claviers et un pédalier, comprenant en tout quarante registres, dont onze pour le premier clavier (*grand orgue*), huit pour le second (*positif*), douze pour le troisième (*récit*) et neuf pour le pédalier; ce dernier est, en outre, pourvu de cinq pédales d'accouplement qui permettent d'obtenir toutes les combinaisons harmoniques possibles.

Toutes les verrières sont peintes ou grisaille avec bordures en couleurs vives; quatre grands lustres et des appliques en cuivre servent à l'éclairage au gaz. Le chauffage se fait par un calorifère établi dans le souterrain de l'édifice. Nous réservons pour la bonne bouche la façade de l'église qui est en entier l'œuvre personnelle de l'architecte du Temple-Neuf; conçue dans les formes riches et sobres à la fois du style roman

du douzième siècle, elle présente, avec son triple porche, ses fenêtres, ses rosaces et toute son ornementation, un ensemble d'une disposition si heureuse, qu'elle ne laisse absolument rien à désirer au goût le plus difficile: la critique n'a plus qu'à s'incliner. Le clocher, composé d'un étage carré, percé sur ses quatre faces de baies géminées, avec pinacles sur les angles, et d'une pyramide octogonale, toute en pierre, surmontée d'une croix en fer forgé et d'un coq en cuivre doré, forme le digne couronnement de ce *nouveau Temple-Neuf, première église* construite à Strasbourg pour le culte protestant[1].

L'achèvement, après dix ans d'attente, du monument religieux que „des mains strasbourgeoises ont eu l'honneur „exclusif de fonder", est dû à la libéralité de M. Jules Sengenwald, qui a fait, le 28 avril 1887, une donation de 100,000 fr., pour la construction de la tour, dont les plans et devis avaient été dressés d'avance par M. Salomon. Les travaux, adjugés à M. Hug, entrepreneur, furent commencés le 29 août et avancèrent à vue d'œil, grâce à l'emploi d'une locomobile; suspendus le 5 décembre, ils furent repris le 28 mars 1888 et entièrement terminés le 28 avril suivant. A la même époque, M. Sengenwald, pour compléter sa fondation, fit encore don à l'église de deux nouvelles cloches. Elles furent fondues le 9 juillet dans l'atelier deux fois séculaire de

---

[1] La chaire est un don de M. Jules Sengenwald; l'autel est dû à feu M. Jean Ehrhard, brasseur.

[1] Voici les dimensions de l'église, communiquées par M. Salomon :

Longueur totale	48ᵐ,60
Longueur du vaisseau	32ᵐ,—
Largeur totale	29ᵐ,—
Largeur, dans œuvre	26ᵐ,40
Largeur dans la grande nef	17ᵐ,—
Hauteur moyenne à l'intérieur	20ᵐ,50
Hauteur du clocher sans la croix	60ᵐ,—
Hauteur de la croix, environ	4ᵐ,50

M. Louis Edel[1], qui refondit en même temps, pour obtenir un accord parfait, la petite cloche, donnée primitivement par la famille de feu M. François-Henri Hærter, pasteur au Temple-Neuf pendant quarante-cinq ans (du 7 mars 1829 au 5 août 1874). La plus grande des cloches, du poids de 1800 kilos, porte l'inscription suivante :

Antonia, Julia, Lovisa,
Mater   Uxor   Filia
Julii Conradi Sengenwald
qui hanc campanam turremque faciendam curavit
1888[2].

Sur la seconde, pesant 650 kilos, se trouvent ces seuls mots :

Jules Conrad Sengenwald
donavit
1888[3].

La troisième, du poids de 360 kilos, porte de nouveau son ancienne inscription :

Hallelujah!
Zur Erinnerung an
Franz Heinrich Hærter,
Pfarrer dahier
1829-1874[4].

---

[1] M. L. Edel est le descendant direct, à la septième génération, d'une famille, disons mieux, d'une «dynastie» d'artistes, qui ont fourni, depuis le milieu du dix-septième siècle, presque toutes les cloches neuves existant dans les églises de l'Alsace.

[2] «Antoinette, mère, Julie, épouse, Louise, fille de J.-C. Sengenwald, «par les soins duquel cette cloche ainsi que la tour ont été exécutées.»

[3] «Donnée par J.-C. Sengenwald».

[4] «Halléluia! En mémoire de François-Henri Hærter, pasteur en cette «église de 1820 à 1874».

Enfin toutes les trois portant autour de la „couronne" la mention : *Fusa per Ludovicum Edel anno Domini 1888*[1].

L'inauguration de la tour et des cloches a eu lieu le dimanche, 15 juillet 1888, en présence d'un concours extraordinaire de fidèles, qui ont tenu à l'honneur de témoigner publiquement leur reconnaissance envers leur généreux concitoyen, dont le nom sera perpétué dans l'histoire du Temple-Neuf à l'égal de ceux des „bienfaiteurs" de l'ancienne église des Dominicains. Rien ne saurait, du reste, mieux caractériser l'esprit dans lequel il a entendu faire sa pieuse libéralité, que les paroles suivantes qui forment la conclusion de son deuxième rapport sur l'œuvre du Temple-Neuf :

„A quoi serviraient ces belles lignes d'architecture, cette „chaire, cet autel, ces accords harmonieux de l'orgue, si le „véritable esprit du christianisme faisait défaut parmi nous?

„Notre construction monumentale ne serait qu'une vaine „décoration, si elle ne servait pas à élever les âmes vers Dieu „et à leur inspirer des sentiments de foi, d'espérance, de force „et de charité.

„Force et charité, c'est là le bon dépôt que nous devons „garder soigneusement, comme étant le résumé de la doctrine „évangélique.

„Nous avons besoin de la force pour affirmer avec fermeté „nos convictions individuelles, comme il convient à des pro„testants qui veulent examiner toutes choses et retenir ce qui „est bon; mais nous avons encore plus besoin de charité pour „supporter les contradictions résultant de la différence des

---

[1] «Fondue par L. Edel, l'an du Seigneur 1888». — Les deux nouvelles cloches ont coûté environ 7800 fr. — La dépense totale pour l'église entièrement terminée a été, en chiffres ronds, de 1,200,000 fr.

„natures et des éducations, contradictions qui ont toujours
„existé et qui ne cesseront jamais, puisque Dieu a livré le
„monde aux disputes et aux combats.

„Saint Paul, le grand apôtre préféré de nos réformateurs, est
„symbolisé à nos yeux le glaive à la main, et il nous enseigne
„en même temps que de toutes les vertus la plus excellente est
„la charité, ayant ainsi trouvé le secret d'accorder des qualités
„qui semblent opposées, à savoir l'affirmation courageuse de
„ses convictions et l'inclination à excuser et à aimer les autres
„hommes.

„Puissent ces préceptes et ces recommandations que nous
„cherchons nous-mêmes à mettre en pratique, être observés
„par nos descendants. Quand ils recueilleront la moisson et
„profiteront des avantages matériels dont notre prévoyance les
„a dotés, qu'ils veuillent bien remonter aux origines de notre
„nouveau temple et se souvenir que le concours des fidèles de
„toutes les nuances dogmatiques a été nécessaire pour l'édifier;
„qu'ils évitent comme nous les controverses purement théolo-
„giques sur les divergences qui nous séparent, et que, méditant
„les évangiles et les épîtres dans la simplicité de leur cœur, ils

„reconnaissent que l'esprit de paix, d'amour et de tolérance est
„bien le véritable esprit du christianisme[1]. "

Nous terminons notre travail en dédiant à notre nouveau
Temple-Neuf le vœu que le Magistrat de Strasbourg fit graver
en 1761 sur une lame de cuivre de la nouvelle toiture posée
sur la Cathédrale, en remplacement de celle qui avait péri dans
l'incendie du 27 juillet 1759, toiture détruite à son tour, hélas !
le 25 août 1870, un jour après l'inoubliable nuit du 24 :

> *Was am Münster hier geschehen,*
> *Soll uns lehren wie zu Gott*
> *Alle Zeit wir sollen flehen,*
> *Das er abwend solche Noth,*
> *Das er diese Kirch beware*
> *Die erbaut zu seiner Ehr.*
> *Das ihr künftig widerfahre*
> *Solches Unglück nimmermehr* [2].

[1] Rapport de M. Jules Sengenwald, présenté au Consistoire du Temple-Neuf, le 18 avril 1880.

[2] « Ce qui est arrivé ici à la Cathédrale doit nous enseigner à toujours « implorer Dieu de détourner de nous une telle calamité, de préserver « cette église bâtie en son honneur, afin que pareil malheur ne lui arrive « plus à l'avenir » !

APPENDICE

Inscriptions de l'ancien Temple-Neuf (d'après EDEL)

I. Au fond du chœur: épitaphe de Jean Teutonicus. — *Frater Johannes Dei gracia eps* (episcopus) *et magr* (magister) *ordinis frm* (fratrum) *prædicator o.* (obiit) *anno Dni* (Domini) *MCCLII III nonas novembris. Requiescat in pace. Amen.* (Frère Jean, par la grâce de Dieu, évêque et maître de l'ordre des frères prêcheurs, mourut l'an du Seigneur 1252, le 4 novembre. Qu'il repose en paix. Amen.)

II. Sur le cinquième pilier du bas-côté méridional: épitaphe d'Engula de Rosheim — *Anno Dni MCCCXVII X Kl.* (Kalendas) *maji o. Dna* (domina) *Engula dicta de Roszheim*[1] *quondam uxor Dni Nycolay sculteti argent. q. pietil* (qui portead) *columpnam hanc istam* (m) *ex ordinatione fris* (fratris) *Conradi dicti Gyps. Requiescat in pace. Amen.* (L'an du Seigneur 1317, le 22 avril, mourut dame Engula, nommée de Rosheim, qui fut épouse de sire Nicolas[2], *Schultheiss* de Strasbourg, laquel érigea en entier cette colonne selon la disposition de frère Conrad, nommé Gyps. Qu'elle repose en paix. Amen.)

III. Dans le passage entre l'église et le chœur, à gauche de la porte de ce dernier: épitaphe d'un bourgeois de Strasbourg. — *Anno Dni MCCCXXXIX IX Kl. maii ipso die sti* (sancti) *Georgii † mris* (martyris) *o. Jacobus Hapmacher civis argen. orate pro eo* (L'an du Seigneur 1330, le 23 avril, jour de saint Georges martyr, mourut Jacques Hapmacher, citoyen de Strasbourg. Priez pour lui.)

IV. Épitaphe de Tauler, encore existante. — *Anno Dni MCCCLXI, XVI Kl. Junii Cyrici et Julite o. frater Joh. Tanl.* (L'an du Seigneur 1361, le 16 juin, jour des saints Cyriaque et Julite[3], mourut frère Jean Tauler.)

V. A la façade occidentale de l'église à droite de la porte de la grande nef méridionale[4]: épitaphe de quatre membres de la famille Rebstock. — † *Anno Dni MCCCLXVI o. Doicell.* (domicellus) *Walghelm Rebstock in die sancte Katharine virginis,* † *Anno Dni MCCCLXXII o. Domicellus Reymar Rebstock in die N nillium martirum.* † *Eodem anno o. Domicellus Peterman Rebstock in die exaltationis sancte crucis.* † *Anno Dni MCCCLXXV o. Domins Hetzel Rebstock Burggravius in die sti Valentini martiris qui fuit frater supradictorum.* (L'an du Seigneur 1371 mourut le damoiseau Walthelm Rebstock, le jour de sainte Catherine, vierge (25 novembre). L'an du Seigneur 1372 mourut le damoiseau Reymar Rebstock, le jour des dix mille martyrs (22 juin). La même année mourut le damoiseau Peterman Rebstock, le jour de l'exaltation de la sainte croix (14 septembre). L'an du Seigneur 1375 mourut sire Hetzel Rebstock, bourggrave[5], le jour de saint Valentin martyr (14 février); il fut le frère des susnommés.) — Cette pierre avait dans les deux angles supérieurs deux écussons, dont celui de gauche portait deux lions couronnés; l'autre était devenu indéchiffrable.

[1] Au lieu de Rodecheim.
[2] C'est le chevalier Nicolas Zorn qui, en 1298, avait reçu en fief les Dominicains dans leur couvent. — La charge de Schultheiss (prévôt) appartint longtemps, par inféodation, à la famille de Zorn.
[3] Cette ancienne preuve que le terme de Kalendae dans l'inscription latine est pris ici dans le sens de jour, non du mois précédent, mais du mois courant.
[4] Voy. la planche III.
[5] Le bourggrave était le fonctionnaire chargé de la direction des tribus d'artisans et du soin des fortifications.

VI. A la façade de l'église, vers le cloître: épitaphe de quatre membres de la famille Burggraf. — *Anno Dni MCCCLXVII XXII Kl. augusti o. Bride Burggravia*[1] *orate pro ea. Anno Dni MCCCLXXVIIII in die Johis* (Johannis) *Bapt. o. Cunradus Dns* (dominus) *Burggrave, armiger. Anno Dni MCCCLXXX XII Kl. decemb. o. Dna Nese Rebestockin, uxor Dieterici Dni Burggrave. Anno Dni MCCCXIII idus novembris o. Dietericus Dnus Burggrave, armiger, gubernator hujus dom.* (domini) *orate pro eo.* (L'an du Seigneur 1367, le 22 août, mourut Brigitte Burggraf. Priez pour elle. L'an du Seigneur 1379 le jour de saint Jean-Baptiste (24 juin) mourut Conrad, sire Burggraf, chevalier. L'an du Seigneur 1380, le 20 novembre, mourut dame Agnès Rebstock, épouse de Didier, sire Burggraf. L'an du Seigneur 1413, le 13 novembre, mourut Didier, sire Burggraf, chevalier, administrateur de cette maison. Priez pour lui.)

VII. Dans le passage entre l'église et le chœur, vers le cloître: épitaphe de Henri Arg, ammeistre de Strasbourg. — *O andechtiger vernünftiger mensch wan du hie for gost (vorbei gehst) biss indenk (sei eingedenk) mit einem Ave Maria dieser selen und aller gloibigen selen uff dass sie dir zu trost kummen, so du von hinnan must scheiden † Heinrich Arg. altammaister. Morgret von Waltenhen sin ellich (ehelich) husfrow.* (O homme pieux et sensé, si tu passes par ici, souviens-toi avec un Ave Maria de cette âme et de toutes les âmes fidèles, afin qu'elles te viennent en aide quand tu devras partir d'ici. † Henri Arg, ancien ammeistre. Marguerite de Waltenheim, son épouse?.) — Au-dessus de l'inscription on voyait deux anges agenouillés des deux côtés d'une porte de chapelle, et deux écussons, dont l'un portait une rose, l'autre un dragon debout.

VIII. A l'extrémité ouest du bas-côté sud: épitaphe d'Ortwin, encore conservée. — *Johannes Ortwin, ordinis prædicatorum, doctor theologiæ. episcopus Mathonensis ac suffraganeus argentinensis obiit anno Domini 15...* (Jean Ortwin, de l'ordre des frères prêcheurs, docteur en théologie, évêque de Mathone et suffragant de Strasbourg, mourut l'an du Seigneur 15... (1514). Autour de la niche du monument se trouvait l'inscription suivante, en demi-cercle: *Miserere mei, Deus, secundum magnam misericordiam tuam.* (Aie pitié de moi, Seigneur, selon ta grande miséricorde.)

IX. Dans le bas-côté méridional, vers l'orgue: épitaphe, encore existante, du chevalier Sturm et de sa femme. — *Validus Ludovicus Sturm armiger argentinens, se et Anna (m) ex antiquâ de Endingen domo familiâ nata (m) conjuge (m) sua (m) fidelissima (m) hoc sarkofago tumulari jussit. Preces fundite pro eis.* — (Le puissant Louis Sturm, chevalier, de Strasbourg, a voulu être inhumé dans ce tombeau avec Anna, née de l'ancienne famille d'Endingen, sa très fidèle épouse. Priez pour eux.) Cette inscription est sans date; mais celle-ci peut être fixée par l'épitaphe d'un autre monument funéraire que le même chevalier Sturm fit placer de son vivant, en 1516, en mémoire de sa femme défunte, dans l'église de St. Pierre-le-Jeune, où cette pierre est encore conservée.

[1] Dans cette inscription, les noms de femme ont la terminaison féminine in, usitée dans l'allemand écrit jusqu'au commencement de notre siècle.
[2] Henri Arg fut le 20e dans la liste des ammeistres: élu en 1372, il resta en fonctions pendant sept années consécutives et mourut en 1518.

TABLE DES MATIÈRES

Strasbourg, typ. G. Fischbach. — 3626.